Jürgen Brater

RASEND SCHNELL + TIERISCH LANGSAM

Jürgen Brater, geboren 1948, arbeitete als Mediziner mit eigener Praxis. Seit den Neunzigern hat er populäre Sachbücher für Erwachsene und Kinder veröffentlicht, die nicht nur sein fachliches Wissen unter Beweis stellen, sondern auch seinen Blick für die skurrilen Fragen des Lebens. Bei Beltz & Gelberg erschienen von ihm »Warum haben wir Sand in den Augen und Schmetterlinge im Bauch? 24 Stunden im Leben des menschlichen Körpers« und »Was macht der U-Bahnfahrer, wenn er auf Toilette muss? 66 blitzgescheite Fragen rund um Alltag, Menschen & Tiere«.

www.beltz.de
© 2014 Beltz & Gelberg
in der Verlagsgruppe Beltz · Weinheim Basel
Alle Rechte vorbehalten
Deutsche Originalausgabe
Umschlag und Innengestaltung: Irma Schick (www.irmaschick.com)
Lithografie: ICCPrint, Biblis-Wattenheim
Druck und Bindung: Beltz Bad Langensalza GmbH, Bad Langensalza
Printed in Germany
ISBN 978-3-407-75395-3
1 2 3 4 5 18 17 16 15 14

Jürgen Brater

RASEND SCHNELL + TIERISCH LANGSAM

60 extreme Gegensätze, die verblüffen

BELTZ
& Gelberg

Inhalt

1. Hochspringer und Tieftaucher – DIE EXTREMSTEN GEGENSÄTZE IM TIERREICH

- 10 Welches Tier frisst am meisten?
- 11 Und welches trinkt am wenigsten?
- 12 Welches Reptil hat die längste Zunge?
- 13 Und welcher Vogel hat die kürzesten Beine?
- 14 Welche Katze ist am riesigsten?
- 15 Und welcher Hund ist am kleinsten?
- 16 Welches Tier wächst nach seiner Geburt am meisten?
- 17 Und welches Tier wiegt bei seiner Geburt am wenigsten?
- 18 Welche Spinne ist am größten?
- 19 Und welcher Hirsch ist am kleinsten?
- 20 Welcher Vogel ist am schwersten?
- 21 Und welcher Wal ist am leichtesten?
- 22 Welches Säugetier bekommt am frühesten Junge?
- 23 Und bei welchem dauert die Trächtigkeit am längsten?
- 24 Welcher Dinosaurier war der kleinste?
- 25 Und welcher hatte den dicksten Schädel?
- 26 Welcher Vogel lebt am längsten?
- 27 Und welcher Fisch lebt am kürzesten?
- 28 Welcher flugfähige Vogel ist am größten?
- 29 Und welches flugfähige Säugetier ist am kleinsten?
- 30 Welches Tier springt am höchsten?
- 31 Und welches taucht am tiefsten?
- 32 Welcher Vogel schlägt am schnellsten mit den Flügeln?
- 33 Und welcher Schmetterling schlägt am langsamsten mit den Flügeln?
- 34 Welcher Wurm ist am längsten?
- 35 Und welche Schlange ist am kürzesten?
- 36 Welches Tier legt die riesigsten Eier?
- 37 Und welches baut das kleinste Nest?
- 38 Welches Tier ist am faulsten?
- 39 Und welche Pflanze ist am tüchtigsten?

2. Riesige Fußballstadien und winzige Schulen – DIE EXTREMSTEN GEGENSÄTZE UNSERES ALLTAGS

- 42 In welchen Bundesliga-Spielen gab es bislang die meisten Tore?
- 43 Und an welchem Spieltag fielen die wenigsten?

44	Welcher Ort ist der lauteste der Welt?	62	In welchem Land der Erde spricht man die meisten Sprachen?
45	Und welcher Raum ist der leiseste?	63	Und in welchem schreibt man mit den wenigsten Buchstaben?
46	Welches Lied ist das längste der Welt?		
47	Und welche Gedichtform ist die kürzeste?	64	Wer war der älteste Olympiateilnehmer aller Zeiten?
48	Welches war das früheste Tor bei einer Fußball-Weltmeisterschaft?	65	Und wer war der jüngste Spieler bei einer Fußball-Weltmeisterschaft?
49	Und welcher war der späteste entscheidende WM-Elfmeter?	66	In welchem Land der Erde gibt es die meisten Handys?
50	In welchem Harry-Potter-Buch gibt es die meisten Toten?	67	Und in welchem gibt es die wenigsten Computer?
51	Und in welchem gibt es die wenigsten Liebespaare?		

3 Rasende Schiffe und schleichende Hubschrauber – DIE EXTREMSTEN GEGENSÄTZE DER TECHNIK

52	Welches Tennismatch dauerte am längsten?
53	Und welches Fußballspiel dauerte am kürzesten?

70	Welche Brücke ist am höchsten?
71	Und welcher Tunnel ist am tiefsten?

54	Welches deutsche Stadion ist am größten?
55	Und welche deutsche Schule ist am kleinsten?

72	Welches Schiff fährt am schnellsten?
73	Und welches Flugzeug fliegt am langsamsten?

56	Welche Anfangsziffer einer Zahl verwenden wir am häufigsten?
57	Und welchen Buchstaben schreiben wir am seltensten?

74	Welches Motorrad ist das teuerste der Welt?
75	Und welches Auto ist das billigste?

58	Welches Buch ist das dickste der Welt?
59	Und welches hat die kleinste Schrift?

76	Welche Kamera ist die schnellste der Welt?
77	Und welche Uhr ist die langsamste?

60	Welcher Ortsname ist der längste der Welt?
61	Und welcher ist am kürzesten?

78 Welcher Zug fuhr bisher am schnellsten?
79 Und welcher Schnellzug fährt am langsamsten?

80 Welche Eisenbahnstrecke ist am längsten?
81 Und welche Straße ist am kürzesten?

82 Welches Gebäude ist das höchste der Welt?
83 Und welches Loch ist das tiefste?

84 Welches Flugzeug ist am größten?
85 Und welcher Hubschrauber ist am kleinsten?

Strohdumme Bankräuber und kluge Köpfe – DIE EXTREMSTEN GEGENSÄTZE DER MENSCHHEIT

88 Welcher Mensch ist bis heute am höchsten geflogen?
89 Und welcher ist bis heute am tiefsten getaucht?

90 Welcher Vorgang in unserem Körper ist der schnellste?
91 Und welcher ist der langsamste?

92 Welche Frau war bislang die größte?
93 Und welcher Mann war der kleinste?

94 Wer ist der klügste Wissenschaftler der Welt?
95 Und wer waren die dümmsten Bankräuber?

96 Welches Organ des Menschen ist am schwersten?
97 Und welcher Knochen ist am leichtesten?

98 Wo in Deutschland leben die Menschen am längsten?
99 Und wo in der Welt sterben sie am frühesten?

Eiskalte Wüsten und warme Meere – DIE EXTREMSTEN GEGENSÄTZE DER NATUR

102 Welche Pflanze ist in Deutschland am häufigsten?
103 Und welches Tier ist am seltensten?

104 Welche ist die niedrigste Temperatur überhaupt?
105 Und welche ist die höchste Geschwindigkeit?

106 Welche Jahreszeit dauert am längsten?
107 Und warum ist der Februar der kürzeste Monat?

108 Welche Luft ist am dreckigsten?
109 Und welches Wasser ist am saubersten?

110 Welche Meeresstelle ist am tiefsten?
111 Und welche Welle ist am höchsten?

112 Welche Quelle ist am wärmsten?
113 Und welches Eis ist am kältesten?

114 Welcher Baum ist am höchsten?
115 Und welcher Busch ist am niedrigsten?

116 Welches Meer ist am wärmsten?
117 Und welche Wüste ist am kältesten?

118 Bei welchem Wasserfall fällt das Wasser am tiefsten?
119 Und bei welchem Springbrunnen springt das Wasser am höchsten?

120 Welches Lebewesen erträgt die höchsten Temperaturen?
121 Und welches Säugetier überlebt die niedrigsten Temperaturen?

Tierisch tiefe Schluchten und höllisch hohe Berge – DIE EXTREMSTEN GEGENSÄTZE AUS STADT, LAND UND FLUSS

124 Welcher Berg ist am höchsten?
125 Und welche Schlucht ist am tiefsten?

126 Welches europäische Land hat die meisten Nachbarstaaten?
127 Und welches hat davon die wenigsten weiteren Nachbarn?

128 Welches Land der Erde ist am riesigsten?
129 Und welches Meer ist am kleinsten?

130 Welcher Fluss strömt durch die meisten Länder?
131 Und welcher strömt durch die wenigsten Städte?

132 Welcher Stern ist der Erde am nächsten?
133 Und welcher Planet ist am weitesten von der Erde entfernt?

134 Welcher See ist der größte der Erde?
135 Und welche Wüste ist die kleinste?

136 Welches Land hat die längste Küste der Welt?
137 Und welche Länder trennt die kürzeste Grenze?

138 Welche Stadt ist die größte der Welt?
139 Und welches Land ist das kleinste?

140 Wo auf der Welt fällt am meisten Schnee?
141 Und wo fällt am wenigsten Regen?

142 Welche Stadt ist die höchstgelegene der Welt?
143 Und welches Land liegt am tiefsten?

144 Bildquellenverzeichnis

DIE EXTREMSTEN GEGENSÄTZE IM TIERREICH

WELCHES TIER FRISST AM MEISTEN?

EIN AUSGEWACHSENER AFRIKANISCHER ELEFANT WIEGT CIRCA 4 BIS 5 TONNEN. DAS IST IN ETWA DAS GEWICHT DESSEN, WAS EIN ANDERES TIER AN EINEM EINZIGEN TAG IN SICH HINEINSCHLINGT.

Der Blauwal ist mit einer Länge von 25 bis 30 Metern und einem Gewicht bis zu 200 Tonnen (mehr als ein Jumbojet) das größte und schwerste Tier überhaupt. Allein sein Herz wiegt rund 2 Tonnen und ist damit schwerer als ein VW Golf. Erstaunlicherweise frisst dieser Koloss aber keine großen oder zumindest mittelgroßen Tiere, sondern winzige Kleinkrebse, von denen er Tag für Tag rund 40 Millionen (!) vertilgt. Da auch Kleinvieh bekanntlich Mist macht, kommt da eine ganze Menge zusammen: eben 4 bis 5 Tonnen.

Weil der Blauwal an Land von seinem gewaltigen Körpergewicht glatt erdrückt würde, lebt er im Wasser. Denn darin wirkt der sogenannte Auftrieb, der ihn – natürlich nur scheinbar – leichter macht. Wie groß dieser Effekt ist, kann man leicht ausprobieren, indem man einen anderen Menschen unter Wasser hochhebt. Selbst bei einem Schwergewicht gelingt das mühelos.

Deshalb ist das größte Landtier, besagter Afrikanischer Elefant, im Vergleich zum Blauwal auch erheblich leichter. Mit rund 250 Kilo frisst er jeden Tag zwar auch eine gewaltige Menge, aber doch 16-mal weniger als der Gigant der Meere.

UND WELCHES TRINKT AM WENIGSTEN?

MANCHE WÜSTENTIERE, ETWA BESTIMMTE ECHSEN, SKORPIONE UND SPINNEN, TRINKEN ÜBERHAUPT NICHTS. SIE NEHMEN DIE FLÜSSIGKEIT, DIE SIE BRAUCHEN, VOLL UND GANZ MIT DER NAHRUNG AUF.

Andere verwenden raffinierte Tricks, um mit möglichst wenig Wasser auszukommen oder das bisschen, das es in ihrem Lebensraum gibt, zu nutzen. Von den großen Tieren ist wohl das Kamel der bekannteste Flüssigkeitssparer. Es kann in zehn Minuten 200 Liter Wasser in sich hineinsaugen, das es in Magen und Blut speichert. Und weil es drei ganz besondere Wassersparmethoden beherrscht, kommt es damit bis zu vier Wochen aus, ohne ein weiteres Mal zu trinken. Erstens kann das Kamel seine Körpertemperatur viel weiter fallen lassen als wir Menschen und kommt deshalb nicht so schnell ins Schwitzen. Zweitens pinkelt es an einem heißen Tag weniger als einen halben Liter (ein Mensch das Zwei- bis Dreifache), und drittens filtert es in seinen vielfach gegliederten Atemwegen sogar aus der Luft, die es ausatmet, die Feuchtigkeit heraus, sodass die extrem trocken ist.

Einen besonders raffinierten Trick zum Wassersparen benutzt der »Dornteufel«, eine etwa 20 Zentimeter lange Echse: An dessen spitzen Hautstacheln schlägt sich nachts das wenige in der Luft enthaltene Wasser nieder – so wie der Tau an Grashalmen. Diese Wassertröpfchen fließen dann über ein ausgeklügeltes Kanalsystem zum Maul des Tieres. Ähnlich macht es der »Nebeltrinker-Käfer«: Er verwendet seine Flügel, um der Luft die Feuchtigkeit zu entziehen, die dann ebenfalls Richtung Kopf rinnt.

DIE EXTREMSTEN GEGENSÄTZE IM TIERREICH

WELCHES REPTIL HAT DIE LÄNGSTE ZUNGE?

DIE LÄNGSTE ZUNGE EINES REPTILS IST FAST DOPPELT SO LANG WIE DAS TIER, IN DESSEN MAUL SIE STECKT.

Dieses Tier ist das Chamäleon, von dem ja allgemein bekannt ist, dass es, je nach Stimmung, seine Farbe wechselt. Dagegen weiß kaum jemand, was für eine gewaltige Schleuderzunge sich in seinem breiten Maul verbirgt. Die lässt es, wenn etwas Fressbares in Sicht kommt, in Sekundenbruchteilen wie ein gespanntes Gummiband herausschnellen und erreicht damit auch weit entfernte Insekten. An ihrer Spitze weist die Zunge eine Art Saugnapf auf, mit dem sie ihr Opfer eisern festhält, um es gleich darauf ins Maul zu transportieren, wo das Chamäleon es genussvoll verspeist. Sicher gibt es Tiere mit noch längerer Zunge, aber im Verhältnis zur Körpergröße ist das Chamäleon einsamer Spitzenreiter. So wird zum Beispiel die Zunge des Ameisenbären, mit der er vorwiegend Ameisen und Termiten fängt, bis zu 60 Zentimeter lang. Das ganze Tier misst aber mit Schwanz an die 2 Meter, was bedeutet, dass die Zunge nur ein Drittel der Körperlänge ausmacht. Um im Verhältnis zu den Körpermaßen genauso lang zu sein wie die des Chamäleons, müsste sie 3 Meter messen.

Reptilien und damit auch Chamäleons sind Wirbeltiere. Darunter versteht man diejenigen Tiere, die ein stützendes Rückgrat besitzen. Im Gegensatz dazu heißen alle anderen – und das sind viel, viel mehr – »wirbellose Tiere«.

UND WELCHER VOGEL HAT DIE KÜRZESTEN BEINE?

WEIL DER KURZBEINIGE VOGEL, UM DEN ES HIER GEHT, SO SCHLECHT AUF DEM BODEN LANDEN ODER VON DORT AUS STARTEN KANN, SCHLÄFT ER IM FLIEGEN.

Sein wissenschaftlicher Name »Apus apus« bedeutet so viel wie »ohne Füße«, aber das ist natürlich übertrieben. Denn der Mauersegler hat sehr wohl Beine mit Füßen, allerdings extrem kurze. Ein ausgewachsener Vogel misst rund 17 Zentimeter, und die ruhen auf Beinchen von gerade einmal etwas mehr als einem Zentimeter Länge. Bei gleichem Körper-Bein-Verhältnis müsste ein 1,80 Meter großer Mann mit 11-Zentimeter-Beinen auskommen. Weil der Mauersegler damit auf dem Boden nur sehr unbeholfen herumkrabbeln kann, bleibt er lieber in der Luft, wo er zu den elegantesten Fliegern überhaupt zählt.

Lange Zeit dachte man, dass ein einmal gelandeter Mauersegler vom Boden aus nicht mehr in die Luft kommt, doch das stimmt nicht. Zwar ist er alles andere als ein eleganter Starter, aber mit zwei, drei unbeholfenen Sprüngen schafft er es doch meistens, so hoch zu hüpfen, dass er abfliegen kann. So sehr ist der Mauersegler aufs Fliegen spezialisiert, dass er sogar in der Luft schläft. Dazu schraubt er sich weit hinauf, segelt regungslos gegen den Wind an und bewegt nur hin und wieder ganz langsam die Flügel, um sich oben zu halten.

DIE EXTREMSTEN GEGENSÄTZE IM TIERREICH

WELCHE KATZE IST AM RIESIGSTEN?

DEN REKORD HÄLT BISLANG EINE KATZE ODER, GENAUER GESAGT, EIN KATER DER AMERIKANISCHEN RASSE »MAINE COON«. VON DER NASEN- BIS ZUR SCHWANZSPITZE MISST DAS MÄCHTIGE TIER 1,23 METER UND IST DAMIT LÄNGER ALS EIN SCHÄFERHUND.

»Maine Coons« sind unter Katzenfreunden als »freundliche Riesen« oder, weil sie fast so anhänglich sind wie Hunde, als »Hundekatzen« bekannt. Ein ausgewachsener Kater kann bis zu 12 Kilo und damit so schwer wie ein schwaches Reh werden, Katzen bringen es gewichtsmäßig nur auf etwa die Hälfte. Daneben gibt es noch andere »Riesenkatzen«. Fast genauso groß wie »Maine Coons« werden Tiere der Rassen »Ragdoll« und »Norwegische Wildkatze«. Auch von diesen beiden schwärmen ihre Besitzer, dass sie zwar wild und gefährlich aussehen, dabei aber sehr gutmütig, anhänglich und kinderlieb sind. Die Ragdolls haben übrigens noch eine bemerkenswerte Eigenheit: Ihre Jungen werden allesamt weiß geboren. Erst nach und nach bekommt ihr Fell die endgültige graue, schwarze oder braune Farbe.

Auch wenn es unter den als Haustieren gehaltenen Katzen ganz schön große gibt, zählt man sie doch samt und sonders zu den »Kleinkatzen«. In diese Gruppe gehören unter anderem auch die Wildkatze, der Luchs, der Gepard und der Ozelot. Während die größten Hauskatzenrassen kaum mehr als 10 Kilo auf die Waage bringen, werden Luchse drei- und Geparde sogar fast fünfmal so schwer.

UND WELCHER HUND IST AM KLEINSTEN?

IM VERGLEICH ZUM »MAINE COON«-KATER WIEGT DER KLEINSTE HUND MIT MAXIMAL 3 KILOGRAMM NUR EIN VIERTEL UND IST MIT EINER HÖCHSTLÄNGE VON RUND 30 ZENTIMETERN AUCH NUR EIN VIERTEL SO LANG.

Der Chihuahua (gesprochen: »Tschiwawa«), eine aus Mexiko stammende Rasse, zählt zu den »Schoßhunden«. Es gibt ihn in zwei Varianten, einer kurz- und einer langhaarigen, sowie in einer Vielfalt unterschiedlicher Farben: schwarz, weiß, braun, beige, einfarbig, gesprenkelt oder gefleckt. Weil die Hunde so klein sind, brauchen sie deutlich weniger Auslauf als größere Rassen, was ihre Haltung vereinfacht. Sie gelten als verspielt und anhänglich und können angeblich alles lernen, was man auch anderen Hunden beibringen kann, sofern es ihre bescheidenen Kräfte nicht übersteigt. Dabei sagt man ihnen aber auch einen charakterlichen Mangel nach: Weil sie vor vielem Angst haben, neigen sie zum Beißen. Wer kleine Kinder hat, sollte sich deshalb besser keinen Chihuahua zulegen.

Kleine Hunde haben gegenüber ihren größeren Artgenossen Vor- und Nachteile. Vorteilhaft ist, dass sie deutlich weniger Futter benötigen, was ihre Haltung auf Dauer sehr verbilligt. Außerdem kann man sie in einer Tasche überallhin mitnehmen und sie werden in der Regel ein paar Jahre älter. Nachteilig ist dagegen, dass viele von ihnen dazu neigen, laut, anhaltend und in einer hohen Tonlage zu kläffen.

DIE EXTREMSTEN GEGENSÄTZE IM TIERREICH

WELCHES TIER WÄCHST NACH SEINER GEBURT AM MEISTEN?

WÜRDE EIN MENSCH NACH SEINER GEBURT SO STARK WACHSEN WIE DAS WUCHSFREUDIGSTE TIER, WÄRE ER ALS ERWACHSENER 10 METER GROSS.

Das Tier, um das es hier geht, ist das Nilkrokodil. Wenn es aus dem Ei schlüpft, misst es rund 25 Zentimeter und ist damit nur etwa halb so groß wie ein Menschenbaby. Doch dann wächst es rasant und hat den Säugling schon bald überholt. Am Ende erreicht es eine Länge von etwa 5 Metern – das ist das Zwanzigfache seiner Geburtsgröße.

Auch in puncto Gewichtszunahme lässt sich das Nilkrokodil nicht lumpen. Denn das Ei, aus dem es schlüpft, wiegt insgesamt nur etwa 100 und das Krokodilbaby selbst rund 80 Gramm. Ausgewachsen bringen große Exemplare aber an die 1 000 Kilogramm auf die Waage, was bedeutet, dass sie seit der Geburt um mehr als das 12 000-Fache zugelegt haben. Neugeborene Menschen wiegen durchschnittlich etwa 3,5 Kilogramm. Würde ihr Gewicht im gleichen Maß zunehmen wie das eines Nilkrokodils, wöge ein Erwachsener rund 42 Tonnen.

Man mag es kaum glauben, aber von ihrer Abstammung her sind die Krokodile eng mit den Vögeln verwandt. Das zeigt sich bis heute an Merkmalen wie zum Beispiel dem sehr ähnlichen Herz-Kreislauf-System.

UND WELCHES TIER WIEGT BEI SEINER GEBURT AM WENIGSTEN?

WENN MAN BEDENKT, DASS EIN ERWACHSENES RIESENKÄNGURU-MÄNNCHEN RUND 60 KILOGRAMM AUF DIE WAAGE BRINGT, FÄLLT ES SCHWER, ZU GLAUBEN, DASS EIN NEUGEBORENES KAUM GRÖSSER ALS EIN GUMMIBÄRCHEN IST UND GERADE MAL EIN EINZIGES GRAMM WIEGT.

Und doch ist es so. Allerdings ist das winzige Wesen noch keineswegs lebensfähig. Deshalb krabbelt es sofort in den Beutel der Mutter, wo es sich an einer Zitze festsaugt. Dort wächst es in den nächsten fünf bis neun Monaten heran. Mit etwa 70 Tagen lässt es die Zitze zum ersten Mal los, bleibt aber noch im Beutel verborgen. Aus dem schaut sein Kopf erst 80 Tage später heraus, und nach rund 240 Tagen verlässt es seine warme Hülle endgültig. Weil das kleine Känguru aber noch bis zum Alter von rund einem Jahr auf Muttermilch angewiesen ist, steckt es von da an zum Trinken regelmäßig den Kopf in den mütterlichen Beutel. Wenn das Riesenkänguru schließlich erwachsen ist, wiegt es rund 60 Kilogramm – das ist 60 000-mal mehr als bei seiner Geburt. Würde ein Menschenbaby in demselben Umfang an Gewicht zulegen, wöge es als Erwachsener rund 210 Tonnen und damit etwa so viel wie ein Blauwal (siehe Seite 10).

Kängurus gehören zu den Beuteltieren, von denen es in Australien und Amerika rund 320 verschiedene Arten gibt. Ein anderer bekannter Vertreter dieser Tiergruppe ist der Koala (siehe Seite 38).

DIE EXTREMSTEN GEGENSÄTZE IM TIERREICH

WELCHE SPINNE IST AM GRÖSSTEN?

ES GIBT EINE SPINNE, DIE FAST SO LANG WIE EIN KANINCHEN IST.

Um diese Größe zu erreichen, muss die Riesenvogelspinne allerdings ihre Beine weit nach vorn und hinten ausstrecken. Tut sie das, kommt sie auf eine Gesamtlänge von über 30 Zentimetern und ist damit mehr als 20-mal so groß wie die bei uns heimische Kreuzspinne. Allein der Körper der Riesenvogelspinne misst 12 und jedes Bein dazu noch mal rund 10 Zentimeter. Doch obwohl das rostrote und am ganzen Körper dicht behaarte Tier gefährlich aussieht, muss sich hierzulande niemand vor ihm fürchten. Denn zum einen lebt es ausschließlich im weit entfernten Südamerika, wo es sich in feuchtheißen Regionen am wohlsten fühlt, und zum anderen ist der Biss der Spinne zwar schmerzhaft, aber nicht gefährlich. Man kann ihn in etwa mit dem Stich einer Biene oder Wespe vergleichen. Das Risiko liegt eher darin, dass über die Wunde Bakterien in den Körper gelangen und dort entzündliche Reaktionen auslösen können. Die Riesenvogelspinne ernährt sich von allen Tieren, die sie überwältigen kann. Ihre häufigste Beute sind größere Insekten wie Grillen, Schaben und Heuschrecken, aber auch Tausendfüßler und Skorpione verschmäht sie nicht. Sie wird bei uns von Liebhabern in Terrarien gehalten und in ihrer Heimat, aufwendig zubereitet, mit Begeisterung von Feinschmeckern verspeist.

Vogelspinnen gehören wie alle Spinnen nicht zu den Insekten, sondern zu den Spinnentieren. Der auffälligste Unterschied zwischen den beiden Tiergruppen besteht darin, dass sämtliche Insekten sechs, sämtliche Spinnentiere dagegen acht Beine besitzen.

UND WELCHER HIRSCH IST AM KLEINSTEN?

WENN MAN BEI EINER WANDERUNG DURCH DIE SÜDAMERIKANISCHEN BERGE GLAUBT, VOR SICH IM GRAS EINEN HASEN ZU SEHEN, KÖNNTE DAS AUCH EIN HIRSCH SEIN.

Denn der kleinste Hirsch der Welt ist nur wenig größer als ein Hase und beobachtet wie dieser gern aus einem Lager im Gras heraus die Umgebung. Es handelt sich um den Pudu, der, obwohl er zu den Hirschen gehört, eher wie eine kleine Kuh aussieht. Er wird etwa 40 Zentimeter hoch und bis zu 80 Zentimeter lang, hat einen gedrungenen Körperbau und auffallend kurze Beine. Und ein Geweih? Das hat er natürlich auch, sonst wäre er kein Hirsch. Aber im Vergleich zum Kopfschmuck seiner großen Verwandten ist seines ziemlich mickrig. In der Regel besteht es aus zwei kurzen, unverzweigten Spießen, die oft nur wenig aus der dichten Kopfbehaarung herausragen.

Es gibt zwei Unterarten: den Nord- und den Südpudu. Der Erste lebt im Hochgebirge bis hinauf auf 4 000 Meter, wo er zwischen lichten Bergwäldern und kargen Weiden hin und her pendelt und sich dabei durchaus beobachten lässt. Dagegen ist der Südpudu ein reines Waldtier, das in Gegenden bis 1 500 Meter Höhe vorkommt. Dort hält es sich gern im dichten Unterholz auf, wo es von niemandem gestört wird. Und weil es zudem vorwiegend nachts unterwegs ist, bekommen selbst Menschen, die sich viel im Wald aufhalten, kaum jemals einen Südpudu zu Gesicht.

Mit einer Ausnahme tragen bei allen Hirscharten – auch bei dem heimischen Reh – nur die Männchen ein Geweih. Die einzige Ausnahme ist das Rentier, wobei das Geweih des weiblichen Tiers deutlich kleiner ist als das des männlichen.

DIE EXTREMSTEN GEGENSÄTZE IM TIERREICH

WELCHER VOGEL IST AM SCHWERSTEN?

EIN BESONDERS MASSIGES WILDSCHWEIN HAT EIN GEWICHT VON ETWA 140 KILOGRAMM – UND SO VIEL WIEGT AUCH DER SCHWERSTE VOGEL DER WELT.

Es ist der Strauß, der heute nur noch in Afrika südlich der Sahara lebt. Früher war er auch in Asien verbreitet, aber dort wurde er wegen seines Fleisches, seiner Federn und seiner Haut, aus der man prächtiges Leder machen kann, vollkommen ausgerottet.

Straußenhähne können bis zu 2,50 Meter hoch werden und damit locker über ein Pferd hinwegsehen. Was Strauße, und zwar sowohl die Männchen als auch die Weibchen, aber nicht können, ist fliegen. Dazu sind sie einfach zu schwer. Dafür rennen sie, wenn es sein muss, mit Tempo 50 durch die Gegend, einer Geschwindigkeit, die sie mühelos eine halbe Stunde lang durchhalten. Kurzzeitig können sie sogar auf 70 Stundenkilometer beschleunigen. Dieses hohe Tempo ermöglicht ihnen eine Art »Rennfuß«, der – einzigartig bei Vögeln – nur zwei Zehen besitzt. Ihre langen Beine verwenden Strauße aber nicht nur zum Laufen, sondern auch als Waffen, mit denen sie sich gegen Feinde verteidigen. Da die Zehen bis zu 10 Zentimeter lange Krallen haben, können sie andere Tiere – aber auch Menschen – damit gefährlich verletzen. Und noch etwas ist beim Straußenhahn ganz anders als bei den meisten anderen Vögeln: seine Stimme. Er zwitschert weder, noch gackert oder kräht er. Wenn er sich Gehör verschaffen will, brüllt er wie ein Löwe.

Und welcher ist nun der schwerste Vogel, der fliegen kann? Das erfährst du auf Seite 28.

UND WELCHER WAL IST AM LEICHTESTEN?

DER LEICHTESTE WAL IST UNGEFÄHR 3 500- BIS 4 000-MAL LEICHTER ALS DER SCHWERSTE.

Der mächtigste und schwerste Wal ist der Blauwal (siehe Seite 10). Dem ähnelt der leichteste Wal nicht mehr als ein Sportflugzeug einem Jumbojet. Denn von den Schweinswalen, die allesamt nicht besonders groß sind, ist der »Kalifornische Schweinswal« der kleinste und leichteste. Gerade einmal 1,50 Meter wird er lang und höchstens 50 Kilogramm schwer. Auf der Oberseite ist er mittel- bis dunkelgrau gefärbt, unten dagegen weiß bis hellgrau. Auffällig sind zahlreiche schwarze Flecken um die Augen herum.
Der Kalifornische Schweinswal heißt auch »Golftümmler« und ist so selten, dass er zu den bedrohtesten Säugetierarten überhaupt gehört. Nur in einem sehr begrenzten Meeresgebiet von etwa 100 Kilometern Durchmesser vor der Küste des US-Staates Kalifornien schwimmen noch einige der scheuen Tiere allein oder in kleinen Gruppen herum. Aber auch dort bekommt man die Kalifornischen Schweinswale nur sehr selten zu Gesicht, was sicher auch daran liegt, dass sie die Nähe von Booten meiden und sehr lang unter Wasser bleiben können. Insgesamt schätzt man die Anzahl der verbliebenen Tiere auf 200 bis 400. Der Hauptgrund dafür, dass sie so extrem selten geworden sind, liegt darin, dass jedes Jahr rund 80 Tiere als ungewollter »Beifang« in den Netzen von Fischern verenden.

Schweinswale kommen auch in der Nord- und Ostsee vor, am häufigsten der »Gewöhnliche Schweinswal«. Er wird knapp 2 Meter lang und ernährt sich wie sein kalifornischer Verwandter von Fischen und Krebstieren.

DIE EXTREMSTEN GEGENSÄTZE IM TIERREICH

WELCHES SÄUGETIER BEKOMMT AM FRÜHESTEN JUNGE?

ES GIBT EIN SÄUGETIER, BEI DEM DIE WEIBCHEN SCHON ALS BABYS MÜTTER WERDEN.

Tatsächlich wachsen im Bauch dieses Weibchens oft schon wieder eigene Nachkommen heran, während es selbst noch von der Mutter gesäugt wird. Die Rede ist von der Feldmaus, bei der die kleinen Mäusemädchen schon im zarten Alter von 12 bis 14 Tagen geschlechtsreif werden. Das ist rund eine Woche, bevor sie selbst nicht mehr auf Muttermilch angewiesen sind. Und dann dauert es oft nur weitere zwei Wochen, bis sie schon wieder Junge bekommen. Ja, so unglaublich es klingt, die Feldmausweibchen sind nicht viel älter als einen Monat, wenn sie Mutter werden. Und weil sie sich in der Regel unmittelbar nach der Geburt gleich wieder mit einem Männchen paaren, bringen sie etwa alle drei Wochen kleine Mäuschen zur Welt. Bei einem einzigen Wurf können das bis zu 13 Tiere sein. Kein Wunder daher, dass sich in manchen Jahren, wenn das Wetter gut und reichlich Futter vorhanden ist, auf einem einzigen Hektar – das ist nur wenig mehr als die Fläche eines Fußballfeldes – bis zu 1 000 Tiere tummeln. Doch zahlreiche Feinde – unter anderem der Mäusebussard sowie verschiedene Eulen und nicht zuletzt das Mauswiesel – sorgen dafür, dass es nicht zu einer schlimmen Mäuseplage kommt.

Feldmäuse kommen in über 60 verschiedenen Arten in Europa, Asien und Nordamerika vor. In Südamerika, Afrika und Australien sind sie dagegen unbekannt.

UND BEI WELCHEM DAUERT DIE TRÄCHTIGKEIT AM LÄNGSTEN?

MIT NEUN MONATEN DAUERT DIE SCHWANGERSCHAFT EINES MENSCHEN SCHON SEHR LANG. DOCH ES GIBT EIN TIER, BEI DEM DIE WERDENDE MUTTER ZWEIEINHALBMAL SO LANG AUF IHR BABY WARTEN MUSS.

Dieses Tier ist der Elefant oder besser gesagt die Elefantenkuh. 22 Monate lang ist sie trächtig, bevor sie endlich Nachwuchs, in der Regel ein einziges Baby, bekommt. Das Kind ist zwar an die 100 Kilogramm schwer, im Verhältnis zum Gewicht der Mutter von rund 3 Tonnen ist das jedoch eher wenig. Ein menschliches Baby würde beim selben Mutter-Kind-Gewichtsverhältnis nur etwa die Hälfte dessen wiegen, was es mit durchschnittlich 3,5 Kilo auf die Waage bringt.

Mag die lange Trächtigkeit für die Elefantenkuh auch mühsam und lästig sein, so hat sie doch einen entscheidenden Vorteil: Das Gehirn des etwa einen Meter großen Jungtieres – wie bei den Kühen nennt man es Kalb – ist bei der Geburt schon sehr weit entwickelt. Deshalb kann es schon nach einer halben Stunde stehen und seinen Rüssel gezielt einsetzen sowie ein paar Tage später problemlos mit der Herde mitziehen. Mindestens zwei Jahre lang, oft jedoch sogar noch länger, wird es von seiner Mutter gesäugt, wobei es die Milch mit dem Mund und nicht etwa mit dem Rüssel aufnimmt, und ist erst mit 15 bis 17 Jahren ausgewachsen.

DIE EXTREMSTEN GEGENSÄTZE IM TIERREICH

WELCHER DINOSAURIER WAR DER KLEINSTE?

DIE FRAGE LÄSST SICH NICHT EINDEUTIG BEANTWORTEN, DENN ES GAB NICHT NUR EINEN, SONDERN GLEICH MEHRERE »KLEINSTE« DINOSAURIER.

Und selbst bei denen lässt sich nicht sicher sagen, ob sie wirklich die kleinsten jemals lebenden Saurier waren. Denn alles, was wir über diese Tiere wissen, wissen wir ja auch nur aufgrund von Knochenfunden, sogenannten Fossilien. Und die Knochen eines Tieres findet man umso leichter, je größer es ist. Einer der kleinsten Fleischfresser war jedenfalls der »Compsognathus«. Er hatte etwa die Größe eines Huhns und lief wie dieses auf zwei Beinen. Allerdings hat man von ihm bisher nur sehr wenige Fossilien gefunden.

Geradezu zierlich und dabei äußerst wendig waren daneben auch die frühen Arten der Vogelfußdinosaurier. Sie waren bis zu einem Meter lang und konnten sehr schnell rennen. Einer von ihnen war etwa »Lesothosaurus«, dessen Skelett man in Afrika gefunden hat. Es scheint, dass er ausschließlich Pflanzen fraß, aber ganz genau weiß man das nicht. Doch weder Compsognathus noch Lesothosaurus waren die allerkleinsten Dinosaurier. Diesen Rekord hält vermutlich ein reiner Pflanzenfresser mit dem fast unaussprechlichen Namen »Micropachycephalosaurus«. Der hatte etwa die Größe eines kleinen Hühnchens und extrem dicke Schädelknochen (siehe Seite 25).

Die Überreste kleiner Dinosaurier sind nicht nur generell schwerer zu finden als diejenigen größerer Arten, viele der Winzlinge wurden wohl auch gleich nach ihrem Tod von größeren Sauriern gefressen. Dann gibt es von ihnen verständlicherweise gar keine Knochen mehr.

UND WELCHER HATTE DEN DICKSTEN SCHÄDEL?

DAS SCHÄDELDACH DES DICKKÖPFIGSTEN SAURIERS HATTE STELLENWEISE EINE KNOCHENSTÄRKE VON 25 ZENTIMETERN.

Deshalb gaben Wissenschaftler diesem Tier, von dem man bis heute allerdings außer dem Schädel keine weiteren Überreste gefunden hat, die komplizierte Bezeichnung »Pachycephaloraurus«, was so viel bedeutet wie »Dickschädelsaurier«. Zu dieser Gruppe gehörte auch der »Micropachycephalosaurus«, der vielleicht allerkleinste Saurier (siehe Seite 24), doch der hatte, wie der Namenszusatz »micro« zeigt, einen eher zierlichen Kopf. Dagegen war der Schädel des größten Pachycephalosauriers (sein Körper maß etwa 8 Meter) stolze 65 Zentimeter lang. Im Vergleich zu den Köpfen anderer Saurierarten ist das zwar bestenfalls mittelmäßig, doch es war eben nicht die Länge, sondern die Dicke seines Schädeldaches, die ihn einzigartig machte. Wozu der mächtige Knochenhöcker gut war, darüber streiten sich die Wissenschaftler bis heute. Weitgehend einig sind sie sich darüber, dass der Dickkopf damit Artgenossen rammte. Ob er aber mit diesen – so wie die heutigen Dickhornschafe – Kopf gegen Kopf kämpfte oder ob er Nebenbuhler um ein Weibchen kraftvoll beiseiteschubste, weiß niemand so genau.

Obwohl Wissenschaftler seit Langem versuchen, ein logisches biologisches System in die verwirrende Vielfalt der Dinosaurier zu bringen, ist die Zuordnung vieler Arten zu größeren Gruppen noch immer weitgehend unklar.

DIE EXTREMSTEN GEGENSÄTZE IM TIERREICH

WELCHER VOGEL LEBT AM LÄNGSTEN?

DER ÄLTESTE IN FREIHEIT LEBENDE VOGEL HAT IN SEINEM LEBEN SCHÄTZUNGSWEISE ACHT MILLIONEN FLUGKILOMETER ZURÜCKGELEGT.

Ganz sicher kann man natürlich nie sein, den ältesten wild lebenden Vogel gefunden zu haben. Denn das Alter eines Vogels kann man nicht einfach durch Beobachtung feststellen. Vielmehr muss man dem Tier dazu in seiner Jugend einen Ring ums Bein klemmen und es später immer wieder mal einfangen. Schließlich bringt die ganze Beringung nichts, wenn der Vogel am Ende seiner Tage irgendwo verendet und ihn jemand erst viel später findet.

Berücksichtigt man all diese Unsicherheiten, so gilt heute ein Schwarzschnabel-Sturmtaucher als nachweislich ältester wild lebender Vogel. Eines dieser Tiere wurde nämlich im Alter von fünf Jahren beringt und danach mehrfach wieder eingefangen. Das letzte Mal war das 2002 an der Küste von Wales und damit 52 Jahre nach dem Schlüpfen. Und wer weiß, vielleicht ist das Tier, das den Winter jedes Jahr in Südamerika verbringt und im Frühjahr wieder nach Europa zurückfliegt (jeweils rund 11 000 Kilometer Flugstrecke), nach seiner Wiederfreilassung sogar noch ein paar Jahre älter geworden.

In Gefangenschaft gehaltene Stubenvögel können erheblich älter werden als ihre wild lebenden Kollegen. Den bisherigen Altersrekord hält ein Papagei, der kürzlich seinen 102. Geburtstag feierte.

UND WELCHER FISCH LEBT AM KÜRZESTEN?

IN OSTAFRIKA STERBEN JEDES JAHR NUR WENIGE MONATE ALTE FISCHE, WEIL DAS WASSER, IN DEM SIE HERUMSCHWIMMEN, EINFACH VERDUNSTET.

Es handelt sich um Prachtgrundkärpflinge, die bei uns als Aquarienfische gehalten und dann älter als ein Jahr werden. In ihrer Heimat leben sie jedoch in winzigen Tümpeln, die sich alljährlich in der Regenzeit neu bilden. Man hat die bunten Fische auch schon in wasserarmen Abflussrinnen, ja sogar in Fußabdrücken großer Tiere gefunden, die in der nassen Jahreszeit voll Wasser gelaufen waren. Doch da die Regenzeit in den Ländern, in denen sie leben, nur eine gewisse Zeit anhält, um dann von einer längeren Trockenperiode abgelöst zu werden, ist der Tod der kleinen Fische von Anfang an vorprogrammiert. Wenn es mit dem Regen vorbei ist, trocknen die flachen Gewässer aus, und alles, was sich darin aufhält, stirbt. Und dennoch ist das Leben der Kärpflinge – die meisten sind zu diesem Zeitpunkt noch keine acht Monate alt – nicht vergebens. Denn bevor sie sterben, legen die Weibchen noch schnell ihre Eier in den Schlamm der Wasserstellen, wo diese auch extreme Trockenheit überstehen. Wenn sich dann die Tümpel, Gräben und Senken in der nächsten Regenzeit wieder füllen, schlüpfen neue Kärpflinge, und alles beginnt von vorn.

Die Fische, die am ältesten werden, sind die Störe. Sie können ein Alter von über 150 Jahren erreichen.

DIE EXTREMSTEN GEGENSÄTZE IM TIERREICH

WELCHER FLUGFÄHIGE VOGEL IST AM GRÖSSTEN?

GEGEN DEN SCHWERSTEN VOGEL ÜBERHAUPT WIRKT DIESER HIER, DER SICH IN DIE LUFT ERHEBEN KANN, EHER KLEIN. VERGLICHEN MIT SEINEN ANDEREN FLUGFÄHIGEN KOLLEGEN ABER IST ER EIN RIESE.

Und so heißt er auch: Riesentrappe. Er lebt einzeln oder paarweise in den Savannen und wüstenähnlichen Gebieten von Süd- und Ostafrika, wo er sich hauptsächlich von Beeren und Samen ernährt. Aber auch Insekten, kleine Schlangen und Vögel verschmäht er nicht. Die Männchen dieses stattlichen Vogels wachsen bis zu 1,30 Meter Höhe heran und sind dann immerhin halb so groß wie ein Strauß. Ihr Gewicht kann 19 Kilogramm erreichen, das heißt, sie wiegen dann etwa so viel wie ein vierjähriges Kind. Ihr Gefieder ist unscheinbar schwarzbraun mit helleren, weiß-braun gesprenkelten Bereichen an Kopf, Hals und Bauch. Auffallend sind ihre langen, federlosen Beine mit den kräftigen Zehen. Das alles bekommt man allerdings nur zu Gesicht, wenn man das große Glück hat, nah an eine Trappe heranzukommen, ohne dass sie einen bemerkt. Und das ist sehr unwahrscheinlich. Denn obwohl die Vögel wirklich imponierende Erscheinungen sind, sind sie äußerst scheu und laufen oder fliegen sofort davon, wenn jemand auch nur entfernt in ihre Nähe kommt. Riesentrappen werden erst mit vier bis fünf Jahren geschlechtsreif, dafür erreichen sie aber auch ein stattliches Alter von bis zu 30 Jahren.

Eng mit der Riesentrappe verwandt ist die auch in Deutschland heimische Großtrappe. Die ist nur wenig kleiner und leichter als die Riesentrappe und damit der größte flugfähige Vogel in Europa.

UND WELCHES FLUGFÄHIGE SÄUGETIER IST AM KLEINSTEN?

DAS TIER, UM DAS ES HIER GEHT, IST NICHT NUR DAS KLEINSTE FLUGFÄHIGE, SONDERN ZUSAMMEN MIT DER ETRUSKERSPITZMAUS DAS ALLERKLEINSTE SÄUGETIER ÜBERHAUPT. WÜRDE MAN 500 STÜCK DAVON AUF EINE WAAGE SETZEN, SO WÜRDE DIE NOCH NICHT EINMAL EIN KILOGAMM ANZEIGEN.

Schweinsnasenfledermaus heißt der Winzling. Er wird nur 3 Zentimeter groß und 2 Gramm schwer, erreicht dabei aber eine Flügelspannweite von bis zu 15 Zentimetern. Der kleine Kerl ist auf der Oberseite kräftig rotbraun und unterseitig wesentlich heller gefärbt, die Flügel sind schwarz. Am auffälligsten aber ist sein etwa einen Zentimeter langer Kopf. Daran sitzt nämlich eine Nase, die mit ihren direkt nach vorn gerichteten Löchern tatsächlich aussieht wie der Rüssel eines Schweins. Das hat dem kleinen Gesellen seinen lustigen Namen eingetragen.
Schweinsnasenfledermäuse leben in Südostasien, und zwar nur dort, wo es – wie in Thailand und Myanmar – in der Nähe von Flüssen geräumige Kalksteinhöhlen gibt. Dort verschlafen sie in großen Gruppen den Tag und verlassen ihre Höhlen erst in der Dämmerung, um auf die Jagd nach kleinen Insekten und Spinnentieren zu gehen. Die orten sie wie bei Fledermäusen üblich, mit einer Art Radar, indem sie hohe Schreie ausstoßen und aus dem Echo auf die Richtung und Entfernung ihres Opfers schließen.

Fledermäuse – auch die schweinsnasigen – haben eine auffallend niedrige Fortpflanzungsrate. Bei den meisten Arten bringen die Weibchen nur einmal im Jahr ein einziges Junges zur Welt.

29

DIE EXTREMSTEN GEGENSÄTZE IM TIERREICH

WELCHES TIER SPRINGT AM HÖCHSTEN?

HÄTTE EIN MENSCH EINE SPRUNGKRAFT WIE DAS AM HÖCHSTEN HÜPFENDE TIER, KÖNNTE ER AUF EINEN 210 METER HOHEN WOLKENKRATZER SPRINGEN.

Betrachtet man die reine Höhe eines Sprungs, sind ein Puma, der es mühelos auf einen Balkon im zweiten Stock schafft, und ganz besonders die afrikanische Klippspringer-Antilope mit einer Sprunghöhe von 8 Metern praktisch nicht zu toppen.
Um tatsächlich etwas über die Sprungkraft eines Tieres sagen zu können, muss man aber berücksichtigen, wie groß, und vor allem, wie schwer es ist. Denn das Verhältnis zwischen dem Körpergewicht, das uns zur Erde zieht, und der für den Sprung aufgewandten Kraft ist entscheidend.
So betrachtet steht der Sieger eindeutig fest: Es ist die winzige Wiesenschaumzikade. Sie wiegt nur etwa 12 Milligramm, springt aber bis zu 70 Zentimeter hoch in die Luft – dagegen ist der Hochsprung-Olympiasieger ein elender Stümper. Denn das Verhältnis der beim Sprung aufgewandten Kraft zum Körpergewicht beträgt bei uns Menschen nur zwei bis drei. Eine Heuschrecke bringt es schon auf einen Wert von acht und ein Floh auf 135. Doch die Wiesenschaumzikade schafft noch einmal mehr als das Dreifache, nämlich sagenhafte 414!

UND WELCHES TAUCHT AM TIEFSTEN?

ES GIBT VIELE TIERE, DIE NOCH WEITER UNTEN IM MEER HERUMSCHWIMMEN ALS DER REKORDHALTER ODER SOGAR AUF DESSEN BODEN LEBEN, ABER DAS TIER, DAS AM TIEFSTEN TAUCHT, IST EIN SÄUGETIER.

Denn tauchen heißt von der Wasseroberfläche abwärts schwimmen. Oder umgekehrt: auch mal nach oben kommen. Und da übertrifft kein anderes Tier den Pottwal. Bis zu 3 000 Meter tief kann der Gigant tauchen und dabei eineinhalb Stunden unter Wasser bleiben. Weil er aber eben ein Säugetier und kein durch Kiemen atmender Fisch ist, muss er immer wieder an der Meeresoberfläche Luft holen. Um damit möglichst lange auszukommen, das heißt, um Sauerstoff zu sparen, kann ein Pottwal während des Tauchgangs alle Organe abschalten, die er gerade nicht unbedingt braucht. Dann fließt sauerstoffhaltiges Blut nur durch Gehirn, Herz und Rückenmark, den restlichen Sauerstoff speichert der Wal (bis zu 20 Meter lang und bis zu 70 Tonnen schwer) in seinen Muskeln. Weil das Herz unter Wasser also viel weniger Arbeit leisten muss als an der Oberfläche, kann der Pottwal es sich erlauben, es beim Tauchen nur halb so schnell schlagen zu lassen. Und das spart wiederum eine Menge Sauerstoff.

Noch weitaus größer als der Pottwal und etwa dreimal so schwer ist der Blauwal (siehe Seite 10). Aber in puncto Tauchtiefe ist er dem Pottwal deutlich unterlegen. Meist schwimmt er in den oberen hundert Metern der Meere herum und taucht höchstens 300 Meter tief.

DIE EXTREMSTEN GEGENSÄTZE IM TIERREICH

WELCHER VOGEL SCHLÄGT AM SCHNELLSTEN MIT DEN FLÜGELN?

IN DER ZEIT, IN DER EINE AMSEL IHRE FLÜGEL EINMAL AUF UND AB BEWEGT, SCHAFFT DER REKORDHALTER IM FLÜGELSCHLAGEN DAS 15-MAL.

Für einen Flügelschlag benötigt die Amsel etwa eine sechstel Sekunde, was bedeutet, dass sie ihre Flügel jede Sekunde sechsmal auf und ab bewegt. Mäusebussard und Elster tun das nur halb so oft, und der Pelikan kommt in einer Sekunde sogar mit einem einzigen Flügelschlag aus. Dagegen wirken die Flügelbewegungen der Kolibris wie hektisches Schwirren. Der Goldhauben-Schmuckkolibri, dessen Flügel am schnellsten wirbeln, schafft in einer einzigen Sekunde sogar unglaubliche 90 Flügelschläge – das sind 5 400 in der Minute!

Der kleine Kerl kommt in weiten Teilen Südamerikas vorwiegend an Waldrändern, aber auch im offenen Weideland vor, wo er sich von Nektar und kleinen Insekten ernährt. Der Kopf des Männchens ist blau mit roten und goldenen Federbüscheln, der des Weibchens schillernd grün, so wie bei beiden Geschlechtern der Rücken. Das erkennt man allerdings nur, wenn das Tier ruhig auf einem Ast sitzt. Im Flug dagegen, wenn die Flügel wild schlagen, sieht der Goldhauben-Schmuckkolibri, wie schon sein Name sagt, wie ein funkelnder Edelstein aus.

Der extrem schnelle Flügelschlag ist für die winzigen Vögel sehr anstrengend. Um die dafür nötige Kraft längere Zeit aufzubringen, schlägt ihr Herz pro Minute 400- bis 500-, ja, für kurze Zeit sogar bis zu 1 000-mal.

UND WELCHER SCHMETTERLING SCHLÄGT AM LANGSAMSTEN MIT DEN FLÜGELN?

BEWEGT DER PELIKAN SEINE FLÜGEL SCHON SEHR SELTEN, SO TUT DAS DER LANGSAMSTE SCHMETTERLING NOCH ZWÖLFMAL SELTENER.

Ein Pelikan macht etwa jede Sekunde einen Flügelschlag, das sind pro Minute rund 60. Der Schwalbenschwanz, einer der größten Schmetterlinge Deutschlands, kommt in dieser Zeitspanne dagegen mit gerade einmal fünf Auf- und Abwärtsbewegungen aus. Deshalb kann man die prächtige Zeichnung seiner großen Flügel auch während des Fluges problemlos bewundern. Mit seiner gelb-schwarzen Musterung und der blauen Binde sowie dem roten Fleck an den Hinterflügeln ist er ausnehmend schön. Seinen Namen verdankt er eben diesen Flügeln, die wie bei einer Rauchschwalbe nach hinten zu zwei spitzen, schwanzartigen Enden ausgezogen sind. Man kann den prächtigen Falter auf offenen, sonnenbeschienenen Wiesen beobachten, und zwar in drei Zeiträumen pro Jahr. Denn so oft schlüpfen aus den grün-schwarz gestreiften Raupen die fertigen Schmetterlinge, die leider nur 20 Tage alt werden: je nach Wetter das erste Mal im April, das zweite Mal im Juli und das dritte Mal im September.

Im Gegensatz zu Schmetterlingen sind Fliegen und Mücken ausgesprochene Flügel-Schnellschlager. So bewegt etwa die Stubenfliege ihre Flügel bis zu 300-mal auf und ab, und das nicht etwa pro Minute, sondern pro Sekunde!

DIE EXTREMSTEN GEGENSÄTZE IM TIERREICH

WELCHER WURM IST AM LÄNGSTEN?

ES GIBT WÜRMER, DIE BIS ZU 40 METER LANG WERDEN. DAMIT ÜBERTREFFEN SIE SOGAR DEN BLAUWAL.

Die Tiere gehören zur Familie der Schnurwürmer, die in seichten Meeren oder in Küstennähe leben. Fast alle sind auffällig bunt und haben einen flach abgeplatteten Körper. Einige Arten werden nur wenige Zentimeter lang und sind dann auch nur millimeterdünn. Andere dagegen sind etwa so dick wie ein Kugelschreiber und bringen es auf gewaltige Längen von 30 Metern und mehr.

Dabei muss man allerdings berücksichtigen, dass die Schnurwürmer einen Trick beherrschen, mit dem sie ihre Länge verändern können: Abhängig von den äußeren Umständen können sie sich zusammenziehen oder ausdehnen. Wenn es ihnen zu warm wird, machen sie sich länger, um über ihren dann viel größeren Körper mehr Wärme abzustrahlen, und bei Kälte ziehen sie sich entsprechend zusammen. Dem Über-30-Meter-Wurm muss deshalb ganz schön heiß gewesen sein.

Was ist überhaupt ein Wurm? Das ist gar nicht so einfach zu beantworten, denn die vielen verschiedenen Würmer sind keine einheitliche Tiergruppe. Im Gegensatz zu klar einzuordnenden Tieren wie Hunden oder Katzen sind sie nur locker miteinander verwandt. Gemeinsam ist ihnen nur, dass sie allesamt zu den wirbellosen Tieren, also denen ohne Rückgrat, zählen, dass sie eine längliche, schlangenähnliche Körperform haben und auf dem Boden kriechen.

34

UND WELCHE SCHLANGE IST AM KÜRZESTEN?

SCHLANKBLINDSCHLANGEN WERDEN HÖCHSTENS 30 ZENTIMETER LANG UND SIND DABEI NUR 2 BIS 3 MILLIMETER DICK. DESHALB NENNT MAN SIE AUCH »WURMSCHLANGEN«.

Insgesamt gibt es von den Tieren, deren Form an einen Bindfaden erinnert, gut hundert Arten, von denen die meisten kaum länger als 10 Zentimeter werden. Alle sind sie von feinen, gelblichbraunen Schuppen bedeckt. Man sieht sie allerdings nur selten, da sie sich fast immer tief unter Steinen und Baumstümpfen verbergen, ja, oft sogar unterirdisch leben und kaum einmal ans Tageslicht kommen. Und weil sie fast nur im Dunkeln herumkriechen, sind ihre Augen so stark zurückgebildet, dass sie so gut wie nichts sehen. Daher kommt das »blind« in ihrem Namen. Die bekanntesten Vertreter sind die Mexikanische und die Texas-Schlankblindschlange, die im Süden der USA und im angrenzenden Mexiko leben. Die allerkleinste Art jedoch hat gar keinen Namen, den man sich merken kann; für sie gibt es nur die komplizierte wissenschaftliche Bezeichnung Tetracheilostoma carlae.

Wovon ernährt sich so ein Winzling? Logisch: nur von ebenfalls sehr kleinen Tieren, nämlich vor allem von Ameisen und Termiten sowie von deren Larven, dazu von verschiedenen Spinnentieren. Die können sie mit ihren schmalen Mäulern gerade noch packen und fressen. Wie alt die Schlankblindschlangen bei dieser kargen Kost werden, ist bis heute unbekannt.

DIE EXTREMSTEN GEGENSÄTZE IM TIERREICH

WELCHES TIER LEGT DIE RIESIGSTEN EIER?

VON DEN HEUTE LEBENDEN TIEREN LEGT MIT ABSTAND DER STRAUSS (SIEHE SEITE 20) DIE RIESIGSTEN EIER. DOCH ES GAB SCHON EINMAL EINEN VOGEL, DESSEN EIER DOPPELT SO GROSS WAREN UND SIEBEN MAL SO VIEL INHALT HATTEN.

Dabei sind Straußeneier wirklich beachtlich: 15 Zentimeter lang und 12 Zentimeter breit sind sie im Durchschnitt, wobei sogar Riesenexemplare mit 18 Zentimeter Länge und 14 Zentimeter Breite vorkommen. Bis zu 1,8 Kilogramm kann so ein Brocken – er hat etwa den Inhalt von 15 Hühnereiern – wiegen. Doch gegen die größten Eier, die je ein Tier gelegt hat, sind Straußeneier geradezu mickrig. Dieses Tier war kein mächtiger Dinosaurier, wie man vielleicht denken könnte, sondern der längst ausgestorbene Elefantenvogel. Der lebte vor Jahrmillionen auf Madagaskar, wo er bis zu 3 Meter hoch und eine halbe Tonne schwer wurde. Wegen seiner Federn, seiner zähen Haut und seines nahrhaften Fleisches wurde er so massiv bejagt, dass er irgendwann ausgerottet war. Seine Rieseneier waren über 30 Zentimeter lang, und wenn man sie aufschlug, kamen an die 9 Liter Flüssigkeit heraus – das ist annähernd so viel, wie ein heutiger Haushaltseimer fasst. Und beinah noch eindrucksvoller: Jedes einzelne Ei wog so viel wie 190 Hühnereier.

War der Elefantenvogel der größte Vogel, der jemals auf der Erde gelebt hat, so war das größte Landtier der Sauropode. Er hatte eine Länge von rund 30 Metern und ein Gewicht von bis zu 100 Tonnen (so viel wie 20 Elefantenbullen). Allein sein Hals war über 10 Meter lang.

UND WELCHES BAUT DAS KLEINSTE NEST?

DER ZWEITKLEINSTE VOGEL DER WELT BAUT DAS KLEINSTE NEST. DAS IST HALB SO GROSS WIE EINE WALNUSSSCHALE.

Die Zwergelfe, so der Name des Vogels, ist ein Kolibri (siehe Seite 32), der in den feuchten tropischen Wäldern der Dominikanischen Republik sowie in Haiti und Jamaika lebt. Von der Schnabel- bis zur Schwanzspitze misst er nur knapp 5 Zentimeter, der eigentliche Körper ist aber viel kleiner, sodass der Vogel beim Brüten tatsächlich in das Mininest hineinpasst. Und weil er mit etwa 2 Gramm weniger wiegt als eine Straußenfeder, besteht auch keine Gefahr, dass das Nest ihn nicht aushält. Das Risiko besteht nicht einmal in der Zeit, in der er seine Eier ausbrütet, denn die sind nur 8 Millimeter groß und wiegen lediglich ein drittel Gramm. Und weil das alles so unglaublich klein ist, hat man der Zwergelfe den wissenschaftlichen Namen Mellisuga minima gegeben, der übersetzt etwa so viel bedeutet wie »Kleinster Honigsauger«.

Nur wenig größer ist das Nest des allerkleinsten Vogels der Welt, der Bienenelfe, ebenfalls einer Kolibriart. Das Weibchen dieses Winzlings legt seine Eier – mit 6 Millimetern sind sie sogar noch ein bisschen kleiner und mit einem viertel Gramm noch ein bisschen leichter als die der Zwergelfe – in ein Nest, das gerade mal die Ausmaße einer Haselnussschale hat.

Kolibris verbrauchen bei ihrem extrem anstrengenden Schwirrflug so viel Energie, dass sie etwa alle Viertelstunde nahrhaften Blütennektar zu sich nehmen müssen. Zwischen den Flügen sitzen sie auf Zweigen und ruhen sich aus.

DIE EXTREMSTEN GEGENSÄTZE IM TIERREICH

WELCHES TIER IST AM FAULSTEN?

DAS FAULSTE TIER DER WELT IST NICHT ETWA DAS FAULTIER UND AUCH NICHT DER SIEBENSCHLÄFER, SONDERN EIN NIEDLICHER AUSTRALISCHER BEUTELBÄR.

Gemeint ist natürlich der Koala. Eingeklemmt in einer Astgabel, sodass er nicht herunterfallen kann, verschläft er regelmäßig 20 der 24 Stunden des Tages. Oder anders gesagt: Jeden Tag – die Nacht mitgerechnet – ist er ganze vier Stunden wach. Damit übertrifft er das Faultier um rund drei Stunden Schlafzeit pro Tag.

Im Lauf einer Woche sind das schon 21 Stunden, und in einem Jahr verbringt der Koala mehr als 1 000 Stunden länger als das Faultier in süßem Schlummer.

Der Name »Koala« bedeutet »trinkt nichts«, und das stimmt tatsächlich, denn die drolligen Tiere mit den großen Ohren und der schwarzen Nase stillen ihren Flüssigkeitsbedarf so gut wie vollständig beim Fressen. Sie ernähren sich ausschließlich von Eukalyptusblättern, und weil die alles andere als nahrhaft sind, müssen die Tiere die ganze Zeit darauf achten, ja nicht zu viel Energie zu verbrauchen. Würden sie nicht den weitaus größten Teil der Zeit verschlafen, würden sie an Erschöpfung sterben.

Außer dem Koala und dem Faultier verschlafen auch noch viele andere Tiere einen Großteil ihrer Zeit, so zum Beispiel die Braune Fledermaus. Mit rund 18 Stunden pennt sie jeden Tag etwa genauso lang wie das Faultier. Nicht viel weniger Schlaf brauchen darüber hinaus der Igel und das Gürteltier. Aber es gibt auch Tiere, die extrem wenig schlafen. Spitzenreiter ist hier das mit der Giraffe verwandte Okapi, das pro Tag nur fünf Minuten schlummert.

38

UND WELCHE PFLANZE IST AM TÜCHTIGSTEN?

DIE AM SCHNELLSTEN WACHSENDE PFLANZE DER WELT ERREICHT IN GERADE MAL DREI WOCHEN IHRE ENDGÜLTIGE HÖHE VON ETWA 20 METERN. UM DAS ZU SCHAFFEN, MUSS SIE JEDEN TAG EINEN VOLLEN METER ZULEGEN.

Die Rede ist vom Bambus, einem schnell verholzenden Riesengras, und hier wieder von einer speziellen Sorte mit dem komplizierten botanischen Namen Phyllostachys bambusoides, die vor allem in Japan vorkommt. Daneben gibt es aber noch viele andere Bambusarten, die extrem schnell an Höhe gewinnen, unter anderem eine, die stolze 40 Meter hoch wird und dazu bei idealen Wuchsbedingungen nur zwei Monate braucht. Früher dachten die Kinder bei Bambus vor allem an die biegsamen Stöcke, mit denen ihnen die Eltern, aber auch die Lehrer in der Schule, den Hintern versohlten, wenn sie etwas ausgefressen hatten. Das hat sich zum Glück geändert. Bambusstöcke verwenden wir heute nur noch, um daran Pflanzen in Beeten und Kübeln anzubinden und sie so abzustützen. Außerdem pflanzen manche Gartenbesitzer Bambushecken als schnell wachsenden Sichtschutz.

In seiner asiatischen Heimat benutzt man das rasch nachwachsende Holz als Bau- und Gerüstmaterial, zur Herstellung von Möbeln und als Grundstoff zur Produktion von allerlei Bekleidung. Daneben verwendet man den Saft, die sogenannte Bambusmilch, als Grundstoff für Cremes und Salben. Und nicht zuletzt sind Bambussprossen ein wohlschmeckendes Gemüse, das aus der asiatischen Küche nicht wegzudenken ist.

Riesige Fußballstadien und winzige Schulen –

DIE EXTREMSTEN GEGENSÄTZE UNSERES ALLTAGS

IN WELCHEN BUNDESLIGA-SPIELEN GAB ES BISHER DIE MEISTEN TORE?

MAN KÖNNTE MEINEN, FÜR DIE TORANZAHL IN EINEM BUNDESLIGASPIEL GEBE ES EINE OBERGRENZE, DIE NICHT ÜBERSCHRITTEN WERDEN KANN.

Diese Zahl ist die Zwölf. Denn in der Geschichte der Bundesliga gab es schon fünf Spiele, in denen zwölf Tore fielen, aber noch kein einziges, in dem es 13 oder mehr waren. Erstmals wurden die magischen zwölf gleich in der Startsaison 1963/64 erzielt, als Borussia Dortmund gegen den 1. FC Kaiserslautern mit 9:3 gewann. Danach dauerte es acht Jahre, bis der Ball wieder zwölfmal seinen Weg ins Tor fand. Das war in der Saison 1971/72, und wieder war Borussia Dortmund beteiligt, diesmal jedoch als Verlierer. Denn beim Auswärtsspiel gegen Bayern München gelang den Dortmundern nur ein einziges Tor, während die Bayern elfmal trafen. Fünf Jahre später, in der Saison 1976/77, fertigte der 1. FC Köln Tennis Borussia Berlin mit 8:4 ab. Bei den zwei bislang letzten Spielen mit zwölf Toren spielten dann wieder beide Male die Dortmunder mit, und zwar einmal als Verlierer und einmal als Sieger. Am 34. Spieltag der Saison 1977/78 erlebten sie ihr bislang schlimmstes Debakel, als sie in Mönchengladbach mit 0:12 untergingen. Dafür gewannen sie am 12. Spieltag der Saison 1982/83, zu Hause gegen Bielefeld mit 11:1. Seither, also seit mehr als 30 Jahren, hat es zwar etliche Spiele mit elf, aber kein einziges mehr mit zwölf Toren gegeben.

Elfmal fielen in einem Bundesligaspiel elf Tore. Das letzte derartige Spiel war das von Bayern München gegen den Hamburger SV in der Spielzeit 2012/13, das die Bayern 9:2 gewannen.

UND AN WELCHEM SPIELTAG FIELEN DIE WENIGSTEN?

MEHR ALS ZWÖLF TORE IN EINEM BUNDESLIGASPIEL SIND BIS HEUTE NOCH NIE GEFALLEN. ES GAB ABER AUCH KOMPLETTE SPIELTAGE, AN DENEN IN ALLEN PARTIEN ZUSAMMENGENOMMEN WENIGER ALS ZWÖLF TORE FIELEN.

Der Minusrekord liegt bei elf Toren pro Spieltag. Der wurde bislang allerdings nur zweimal erreicht. Der erste derart torarme Spieltag war der 16. der Saison 1989/90. Erstaunlicherweise fielen dabei sieben der elf Tore in nur zwei Spielen, nämlich dem von Homburg gegen Mönchengladbach, das 1:3 endete, und dem von Eintracht Frankfurt gegen Leverkusen, das die Frankfurter mit 0:3 verloren. Dazu kamen zwei Tore eines 1:1-Unentschiedens, zweimal endete die Partie 0:1 und viermal torlos 0:0.
Der andere Elf-Tore-Spieltag war der 20. der Saison 1998/99. Und wieder fielen sieben Tore in zwei Spielen: Hansa Rostock unterlag den Bayern aus München zu Hause mit 0:4, und Borussia Dortmund gewann 3:0 gegen den 1. FC Nürnberg. Sämtliche anderen Spiele – immerhin sieben – endeten unentschieden. Zweimal gab es ein 1:1 und erstaunliche fünfmal ein torloses 0:0-Remis.
Seither sind über 14 Bundesligajahre und damit rund 480 Spieltage vergangen. Aber nie wieder sind so wenige Tore gefallen.

Die mit Abstand meisten Tore an einem Spieltag fielen am 32. der Saison 1983/84, an dem der Ball insgesamt 53-mal ins Netz flog. In einer der neun Partien fielen zehn, in einer anderen acht und in drei weiteren jeweils sieben Tore.

DIE EXTREMSTEN GEGENSÄTZE UNSERES ALLTAGS

WELCHER ORT IST DER LAUTESTE DER WELT?

AM LAUTESTEN ORT DER ERDE WÄRE EIN MENSCH OHNE OHRENSCHUTZ SCHON NACH WENIGEN SEKUNDEN TAUB.

Deser Ort ist die Abschussrampe des Spaceshuttles im amerikanischen Staat Florida, und zwar während des Starts einer Raumfähre. Dabei entsteht ein Schalldruck von gut 180 Dezibel, was bedeutet, dass der Krach 10 000-mal lauter ist als die Musik in einer Diskothek, wenn man einen Meter vom Lautsprecher entfernt steht. Schon ein 300-mal leiseres Geräusch tut unseren Ohren richtig weh und hinterlässt bleibende Hörschäden. Zwar starten seit Juli 2011 keine Spaceshuttles mehr, die amerikanische Raumfahrtbehörde NASA arbeitet aber an Nachfolge-Weltraumfähren, deren Start sicher auch kaum leiser sein wird.

Ein anderer Ort, an dem es extrem laut zugeht, ist das Cockpit eines Formel-1-Rennwagens: Dem Fahrer, der ja direkt vor dem Motor sitzt, dröhnt dort ständig ein Krach von 140 Dezibel in die Ohren. Deshalb trägt jeder Formel-1-Pilot einen hochwirksamen Hörschutz. Möglicherweise könnte man die Rennautos ja sogar leiser machen, aber dann kämen mit Sicherheit weniger Zuschauer, denn für die meisten von ihnen ist das ohrenbetäubende Röhren unverzichtbarer Bestandteil des Spektakels.

Mit der Einheit Dezibel (dB) misst man den Schalldruck, also den Druck, den die Schallwellen auf die umgebende Luft ausüben. Mit unserem Hörerleben hat dieser allerdings nur bedingt zu tun. Denn eine Erhöhung des Schalldrucks um 6 bis 8 dB empfinden wir schon als Verdoppelung der Lautstärke.

UND WELCHER RAUM IST DER LEISESTE?

ES GIBT EINEN RAUM, IN DEM ES SO LEISE IST, DASS MAN ES DARIN KEINE STUNDE AUSHÄLT.

Dieser Raum befindet sich in Minneapolis im US-Staat Minnesota, wo ihn unter anderem die amerikanische Raumfahrtbehörde benutzt, um Astronauten auf die absolute Stille im Weltraum vorzubereiten.
Er hat dicke Wände aus Stahl und Beton, die auch vom lautesten Knall nicht durchdrungen werden, und in seinem Inneren schlucken Fiberglas-Wandkeile 99,99 Prozent aller Geräusche. Wenn man bedenkt, dass eine normale Unterhaltung mit einer Lautstärke von etwa 65 Dezibel erfolgt und in den meisten Schlafzimmern immer noch Hintergrundgeräusche von 30 Dezibel zu hören sind, kann man sich in etwa vorstellen, wie leise es in diesem Raum ist: Messungen haben einen Schalldruck von minus (!) 9 Dezibel ergeben. So leise ist es in dem Raum, dass man darin schon nach kurzer Zeit sein eigenes Herz schlagen, das Blut rauschen und die Lunge atmen hört. Und das empfindet man sehr schnell als derart unheimlich, dass man von Minute zu Minute mehr Angst bekommt und schließlich in regelrechte Panik gerät. Deshalb hat es bislang noch kein Mensch länger als eine Dreiviertelstunde in dem schalltoten Raum ausgehalten.

Die menschliche Hörschwelle, bei der wir ein Geräusch, wenn wir angestrengt lauschen, gerade noch wahrnehmen, liegt bei 0 Dezibel. Doch es gibt Tiere mit wesentlich besseren Ohren, die dabei noch immer gut hören. Bei minus 9 Dezibel herrscht aber auch für sie absolute Stille.

DIE EXTREMSTEN GEGENSÄTZE UNSERES ALLTAGS

WELCHES LIED IST DAS LÄNGSTE DER WELT?

UM DAS LÄNGSTE LIED DER WELT VON ANFANG BIS ENDE ANZUHÖREN, MÜSSTE MAN 1 000 JAHRE ALT WERDEN.

Allerdings hätte derjenige, der heute mit dem Hören beginnt, schon rund eineinhalb Jahrzehnte des epochalen Meisterwerks verpasst. Das startete nämlich unter dem Namen »Longplayer« in der ersten Sekunde des 1. Januar 2000 und wird erst mit der letzten Sekunde des Jahres 2999 verklingen. Komponiert wird es während der gesamten Zeit von einem Computer, der so programmiert ist, dass er pausenlos Töne erzeugt, angeblich ohne dass sich die Melodienfolge auch nur ein einziges Mal wiederholt. Ausgedacht hat sich den Gag der englische Musiker Jem Finer, der aber natürlich auch nur einen kleinen Teil seines Projektes aktiv begleiten, überprüfen und gegebenenfalls korrigieren kann.
Und wie klingt das Ganze? Es ähnelt stark der angeblich entspannenden Hintergrundmusik, der Menschen beim In-sich-selbst-Versenken lauschen oder die in Ruheräumen von Sauna-Anlagen läuft. Man kann die Tonfolge als getragen und meditativ, aber auch schlicht als eintönig und öde bezeichnen. Wer sich selbst einen Eindruck verschaffen will, kann jederzeit auf der Internetseite www.longplayer.org beliebig lang in die Tausend-Jahre-Musik reinhören. Er muss ja nicht bis zum Ende durchhalten.

UND WELCHE GEDICHTFORM IST DIE KÜRZESTE?

ES GIBT EINE ANERKANNTE FORM VON GEDICHTEN, DIE MIT NUR DREI ZEILEN AUSKOMMT.

Gemeint ist das Haiku, eine besondere Form der Lyrik, die in Japan schon seit über 400 Jahren bekannt ist und mittlerweile in vielen anderen Ländern ähnliche Nachbildungen hervorgebracht hat. Mehr als Nachbildungen können das allerdings nicht sein, weil japanische Wörter nicht aus den uns geläufigen Silben, sondern aus gleich langen Klangeinheiten, sogenannten »Moren«, bestehen, die beim klassischen Haiku in einer bestimmten Anzahl pro Zeile vorgeschrieben sind. Dagegen setzen sich alle anderen Sprachen aus Silben zusammen. Gemeinsam ist den Haikus, in denen sich die Dichter vor allem mit der Natur, den Jahreszeiten und dem menschlichen Miteinander beschäftigen, dass auf jedes überflüssige Wort verzichtet wird. Daneben fehlt auch jegliche Wertung, Belehrung oder Erklärung. Derlei Gedanken sollen dem Leser selbst überlassen bleiben. Hier zwei deutsche Beispiele:

Wasser holen –
in beiden Eimern
schwankt der Mond

Im Sommergras –
nicht aufhören
zu taumeln

DIE EXTREMSTEN GEGENSÄTZE UNSERES ALLTAGS

WELCHES WAR DAS FRÜHESTE TOR BEI EINER FUSSBALL-WELTMEISTERSCHAFT?

BEI DEN BISHERIGEN 19 WELTMEISTERSCHAFTEN DER MÄNNER GAB ES NUR SECHS SPIELE, IN DENEN SCHON IN DER ERSTEN MINUTE EIN TOR FIEL. DIE VIER SCHNELLSTEN TORSCHÜTZEN BRAUCHTEN DAZU SOGAR WENIGER ALS 30 SEKUNDEN.

Den Rekord hält bis heute ein Treffer, den der Türke Hakan Sükür bei der Weltmeisterschaft 2002 gerade mal 11 Sekunden nach dem Anpfiff erzielte. Das war bei der Partie seines Landes gegen Südkorea, die am Ende 3:1 ausging.

Nur vier Sekunden länger lief das Spiel Mexiko gegen Tschechoslowakei bei der WM 1962, als der Tscheche Vaclav Masek ins Tor traf. Trotzdem siegten am Ende die Mexikaner – auch hier wieder mit 3:1.

Den dritten Rang in der Liste der frühesten Torschützen belegt ein Deutscher, allerdings einer, den heute kaum noch jemand kennt. Denn es war bereits im Jahr 1934, als der Augsburger Ernst Lehner im Spiel gegen Österreich traf. 24 Sekunden war die Partie da alt, und am Ende siegten die Deutschen dank des frühen Treffers mit 3:2.

Platz vier geht an den Engländer Bryan Robson, der seine Mannschaft bei der WM 1982 im Spiel gegen Frankreich, das letztlich 3:1 ausging, schon nach 27 Sekunden in Führung schoss. Und den fünften Platz belegt schließlich der Franzose Bernard Lacombe. Im Spiel Frankreich gegen Italien bei der WM 1978 traf er bereits in der 37. Sekunde und legte damit den Grundstein zum 2:1-Sieg seines Teams.

Die drei erfolgreichsten Torschützen bei Fußballweltmeisterschaften waren der Portugiese Ronaldo mit 15 sowie die Deutschen Gerd Müller und Miroslav Klose mit jeweils 14 Treffern.

UND WELCHES WAR DER SPÄTESTE ENTSCHEIDENDE WM-ELFMETER?

ES GAB BEI DEN WELTMEISTERSCHAFTEN SCHON VIELE ELFMETER, ABER NUR EINEN, DER ERST IN DER FÜNFTEN MINUTE DER NACHSPIELZEIT ERZIELT WURDE UND DIE PARTIE ENTSCHIED.

Das war 2006 im Spiel Italien gegen Australien. Während der regulären 90 Minuten fiel kein Tor, und daran änderte sich auch in den ersten vier Minuten der Nachspielzeit nichts. Doch als sich Spieler, Trainer und Zuschauer schon mit einem Unentschieden abgefunden hatten, stürzte der Italiener Fabio Grosso im Strafraum über den am Boden liegenden Australier Lucas Neill. Zum Entsetzen der Australier pfiff der Schiedsrichter Elfmeter – unberechtigterweise, wie Filmaufnahmen später eindeutig bewiesen –, und Francesco Totti nutzte die überraschende Chance und drosch den Ball ins Netz. Damit hatten sich die Azzurri mit 1:0 fürs Viertelfinale qualifiziert. Nicht ganz so spielentscheidend war ein anderes Elfmetertor, und zwar das des Iren Bobby Keane zum 1:1-Ausgleich gegen Spanien bei der WM 2002. Es fiel in der letzten Minute der regulären Spielzeit und brachte die Verlängerung. Die blieb jedoch torlos, sodass das Elfmeterschießen entscheiden musste. Und dabei waren dann die Spanier die Glücklicheren und gewannen letztlich mit 4:3.

Den schnellsten WM-Elfmeter gab es 1974 bei der Partie Deutschland gegen die Niederlande. Der Holländer Johan Neeskens verwandelte ihn schon nach einer knappen Minute und brachte seine Mannschaft damit in Führung.

DIE EXTREMSTEN GEGENSÄTZE UNSERES ALLTAGS

IN WELCHEM HARRY-POTTER-BUCH GIBT ES DIE MEISTEN TOTEN?

ZWISCHEN DER HINRICHTUNG DES FAST KOPFLOSEN NICK IM OKTOBER 1492 UND DEM TOD GLEICH MEHRERER BÖSEWICHTE IM MAI 1998 KOMMEN IN DEN HARRY-POTTER-ROMANEN MEHR ALS 130 MENSCHEN UND TIERE UMS LEBEN.

Das beginnt im ersten Band mit Harrys Eltern James und Lilly, die dem unheimlichen Lord Voldemort – dem, dessen Name nicht genannt werden darf – zum Opfer gefallen sind, und endet schließlich mit dem Tod eben jenes Voldemort, dem sein eigener Todesfluch den Garaus macht. Das passiert im letzten Band »Harry Potter und die Heiligtümer des Todes«. Dazwischen müssen auch so liebenswerte Personen wie der weise Schulleiter Albus Dumbledore, Harrys Pate Sirius Black, seine geliebte Eule Hedwig und sogar der putzige Hauself Dobby ihr Leben lassen. Sind es in den ersten drei Bänden nur jeweils drei bis vier Tote, so steigt deren Anzahl in den nächsten Folgen rapide an, und im letzten Buch sterben dann gleich 80 Menschen und Tiere, davon die meisten in der abschließenden Schlacht von Hogwarts.

Am wenigsten Tote gibt es übrigens im zweiten Band »Harry Potter und die Kammer des Schreckens«, in dem nur zwei Menschen und ein Tier ums Leben kommen: die Maulende Myrte, die todbringende Riesenschlange Basilisk und der magische, allerdings nur als Erinnerungsgestalt vorkommende Tom Riddle.

UND IN WELCHEM GIBT ES DIE WENIGSTEN LIEBESPAARE?

IN DEN HARRY-POTTER-BÜCHERN WIRD NICHT NUR GESTORBEN, AUCH DIE LIEBE SPIELT EINE WICHTIGE ROLLE. EIN PAAR IST SOGAR ÜBER 600 JAHRE LANG IN TREUER LIEBE VERBUNDEN.

Dabei handelt es sich um Nicolas und Perenell Flamel, die gleich im ersten Band »Harry Potter und der Stein der Weisen« auftauchen und ihre lange Ehe einem Lebenselixier aus besagtem Stein verdanken. Daneben ist noch von vielen anderen mehr oder minder glücklichen Paaren die Rede, unter anderem von Rons Eltern Arthur und Molly Weasley, von Lucius und Narzissa Malfoy sowie von den Eltern von Rubeus Hagrid. Hermine Granger verliebt sich in Viktor Krum, und Ron Weasly tut es ihr aus Eifersucht mit Lavender Brown nach, bevor Ron und Hermine nach langem Hin und Her endlich selbst ein Liebespaar werden. Und natürlich macht auch Harry keine Ausnahme: Zuerst wird Cho Chang seine Freundin – von der bekommt er seinen ersten Kuss – und später Ginny Weasley, die er heiraten wird.

Nur in einem einzigen Band verlieben sich keine zwei Personen neu ineinander: in Band drei »Harry Potter und der Gefangene von Askaban«. Darin spielen zwar Liebe und Füreinandereinstehen eine große Rolle, aber ein Paar, das es bis dahin nicht schon gab, kommt nicht vor.

Und welches Harry-Potter-Buch enthält den Liebesrekord? Den teilen sich Band vier und fünf: »Harry Potter und der Feuerkelch« sowie »Harry Potter und der Orden des Phönix«. In beiden bahnen sich jeweils neun neue Beziehungen an.

51

DIE EXTREMSTEN GEGENSÄTZE UNSERES ALLTAGS

WELCHES TENNISMATCH DAUERTE AM LÄNGSTEN?

ALLEIN DER LETZTE SATZ DES BISHER LÄNGSTEN TENNISMATCHS DAUERTE VIEREINHALBMAL SO LANG WIE EIN FUSSBALLSPIEL EINSCHLIESSLICH HALBZEIT.

Denn erst nach acht Stunden und elf Minuten hatte einer der beiden Spieler diesen legendären Satz gewonnen. Das war der Amerikaner John Isner, und das Ergebnis, mit dem der Satz endete, betrug 70:68. Dass überhaupt so lange gespielt wurde, liegt an einer besonderen Regelung des Turniers in Wimbledon, wo die Partie am 24. Juni 2010 stattfand: Im fünften Satz gibt es dort keinen Tiebreak, vielmehr geht das Match so lang weiter, bis einer der beiden Kontrahenten zwei Spiele Vorsprung hat. Das schaffte Isner gegen den Franzosen Nicolas Mahut an einem Donnerstag in einer Stunde und fünf Minuten. Allerdings spielten die beiden an diesem Tag schon die zweite Verlängerung des Matchs, das am Dienstag wegen Dunkelheit beim Stand von 6:4, 3:6, 6:7, 7:6 nach dem vierten Satz und am Mittwoch aus demselben Grund bei 59:59 im fünften Satz abgebrochen werden musste. Und da die beiden Gegner an den zwei Tagen bereits zehn Stunden auf dem Platz gestanden hatten, dauerte das Match insgesamt elf Stunden und fünf Minuten.

Ein Tiebreak sorgt bei einem Spielstand von 6:6 dafür, dass der Satz zügig beendet wird. Jeder gewonnene Ballwechsel zählt dabei als Punkt, und den Tiebreak – und damit den ganzen Satz – gewinnt der Spieler, der zuerst sieben Punkte erreicht, wobei er zusätzlich zwei Punkte mehr als sein Gegner benötigt. Mögliche Tiebreak-Resultate sind also zum Beispiel 7:1, 7:3, 7:5, 8:6, 9:7, 10:8, 11:9 usw.

UND WELCHES FUSSBALLSPIEL DAUERTE AM KÜRZESTEN?

NICHT EINMAL EINE MINUTE DAUERTE DAS KÜRZESTE FUSSBALLSPIEL ALLER ZEITEN. UND SCHULD DARAN WAR EINE MANNSCHAFT, DIE DIESEN REKORD ZUVOR SCHON EINMAL AUFGESTELLT HATTE.

Es geht um den bulgarischen Drittligisten »Gigant Belene« im März 2010. Weil der so viele Verletzte zu beklagen hatte, dass keine elf Spieler mehr einsatzfähig waren, musste er bei der Partie gegen »Balkan Belogradschik« mit nur sieben Mann antreten. Das wäre gerade noch erlaubt gewesen. Doch leider verletzte sich von diesen sieben Spielern einer gleich in der ersten Minute so schwer, dass er nicht weitermachen konnte. Und mit nur sechs Akteuren darf eine Mannschaft nicht antreten. Also blieb dem Schiedsrichter gar nichts anderes übrig, als die Partie, kaum dass sie angefangen hatte, gleich wieder abzupfeifen.

Das ist insofern besonders originell, als Belene nicht einmal sechs Monate zuvor schon einmal den Kürzestes-Spiel-Rekord verschuldet hatte. Damals war das Team mit nur einem Spieler mehr, also mit acht, aufgelaufen. Aber schon in den ersten fünf Minuten mussten sich zwei Spieler beim Schiedsrichter verletzt abmelden, womit die Partie zu Ende war. In beiden Fällen wurde das Spiel 0:3 verloren gewertet.

> Das längste Fußballmatch der Geschichte fand in England statt. Die beiden Mannschaften, die damit Geld für einen guten Zweck sammelten, kämpften – mit Spielern im Schichtbetrieb – 35 Stunden lang gegeneinander, bis heftiger Regen zum Abbruch zwang. Am Ende stand es 333:293.

DIE EXTREMSTEN GEGENSÄTZE UNSERES ALLTAGS

WELCHES DEUTSCHE STADION IST AM GRÖSSTEN?

IN DAS GRÖSSTE DEUTSCHE FUSSBALLSTADION WÜRDEN SÄMTLICHE EINWOHNER VON BAYREUTH ODER MARBURG PASSEN.

Das sind jeweils knapp 80 000 Menschen, und die hätten in diesem Stadion nicht nur bequem Platz, sondern würden dort auch im Regen nicht nass. Denn der Dortmunder »Signal-Iduna-Park« ist komplett überdacht. Tatsächlich passen genau 80 645 Zuschauer hinein, von denen die meisten sogar sitzen können. Das Stadion – es besitzt keine Laufbahn, ist also ausschließlich für Fußballspiele bestimmt – wurde im April 1974 eingeweiht und ist seither mehrfach erweitert worden. Der BVB Borussia Dortmund bestreitet hier seine Heimspiele.

Auf Rang zwei der größten deutschen Fußballarenen folgt das Berliner Olympiastadion. Es ist das Heimatstadion von Hertha BSC und bietet 74 244 Zuschauern Platz. Allerdings werden darin auch andere Sportwettkämpfe, speziell große Leichtathletik-Turniere, ausgetragen. Knapp 3 000 Menschen weniger, nämlich 71 137, fasst Nummer drei: die Münchner »Allianz-Arena«. Was dieses Stadion von allen anderen unterscheidet, ist seine in verschiedenen Farben leuchtende Fassade: Bei Spielen von Bayern München strahlt es in Rot und Weiß, bei Spielen von 1860 in Blau und Weiß und bei Länderspielen, die hier auch häufig stattfinden, in reinem Weiß.

→ Das weltweit größte Fußballstadion ist das »Stadion Erster Mai« in der nordkoreanischen Hauptstadt Pjöngjang, das Platz für rund 150 000 Zuschauer bietet.

UND WELCHE DEUTSCHE SCHULE IST AM KLEINSTEN?

IN DEUTSCHLANDS KLEINSTER SCHULE GIBT ES IN MANCHEN JAHREN GENAUSO VIELE LEHRER WIE SCHÜLER.

Das klingt so, als würde es dort von Lehrern nur so wimmeln, doch das stimmt nicht. An der Zwergschule unterrichtet nur ein einziger Lehrer, aber der hat in vielen Jahren auch nur einen einzigen Schüler. Momentan sind es allerdings drei. Die erstaunliche Schule liegt auf einer Hallig, also auf einer winzigen Insel vor der deutschen Nordseeküste, in diesem Fall auf Nordstrandischmoor. Dort leben weniger als 20 Menschen, und wenn darunter nur ein einziges Kind im entsprechenden Alter ist, dann ist das eben auch der einzige Schüler. Der Lehrer, der dort alle Klassen unterrichtet, lebt schon seit etlichen Jahren auf der winzigen Hallig. Im Gegensatz zu seinen Vorgängern, die die Versetzung dorthin jedes Mal als »Höchststrafe« empfanden, liebt er die Abgeschiedenheit und Einsamkeit inmitten des Meeres sowie die schweren Stürme im Herbst.

Übrigens geht der Lehrer in der Schule nicht nur seinem Beruf nach, sondern wohnt auch dort. Und an den Wochenenden dient das Schulgebäude zudem als Kirche. Nach dem alljährlichen Gottesdienst zu Beginn eines neuen Schuljahres brauchen die Kinder – wenn es denn überhaupt mehrere sind – also nur den Raum zu wechseln, und schon kann der Unterricht beginnen.

Weil die Halligen nur ein paar Meter aus dem Wasser ragen, werden sie bei Sturmflut regelmäßig überflutet. Die Häuser stehen deshalb auf künstlich aufgeschütteten Hügeln, den Warften.

DIE EXTREMSTEN GEGENSÄTZE UNSERES ALLTAGS

WELCHE ANFANGSZIFFER EINER ZAHL VERWENDEN WIR AM HÄUFIGSTEN?

MAN KÖNNTE MEINEN, ALLE ZIFFERN VON EINS BIS NEUN KÄMEN ALS ANFANGSZIFFER VON ZAHLEN GLEICH OFT VOR. DOCH DAS STIMMT NICHT. DIE HÄUFIGSTE ANFANGSZIFFER VERWENDEN WIR SIEBENMAL SO OFT WIE DIE SELTENSTE.

Tatsächlich nimmt die Häufigkeit der Anfangsziffern von eins bis neun beständig ab. Denn 30,1 Prozent aller Zahlen beginnen mit einer Eins, bei der Zwei sind es noch 17,6 Prozent, und so geht es weiter abwärts bis zur Neun, mit der nur noch 4,6 Prozent aller Zahlen anfangen. Ob man die Flüsse der USA, die Fläche der Seen in Finnland oder alle in einer Zeitung vorkommenden Zahlen betrachtet, überall beginnen rund 30 Prozent von ihnen mit einer Eins.

Warum das so ist, lässt sich relativ einfach erklären. Denn während jede Ziffer unter den ersten neun noch gleich oft vorkommt, übernimmt bei den Zahlen von eins bis 19 die Eins die Führung. Sie erscheint elfmal, was rund 60 Prozent entspricht. Bei den Zahlen von eins bis 99 beginnen zwar wieder nur elf Prozent mit einer Eins, bei eins bis 1999 dagegen rund 55 Prozent. Bildet man den Mittelwert all dieser Häufigkeiten, so kommt man für die Anfangsziffer Eins auf besagte 30 Prozent.

Und die häufigste Endziffer? Bei Preisangaben ist es die 9, denn wo man auch hinschaut, überall enden Preise mit 99 Cent. Untersuchungen haben ergeben, dass viele Menschen einen Artikel für beispielsweise 199,99 Euro kaufen, den sie bei einem Preis von 200 Euro nicht genommen hätten.

UND WELCHEN BUCHSTABEN SCHREIBEN WIR AM SELTENSTEN?

DER AM WENIGSTEN BENUTZTE BUCHSTABE DES DEUTSCHEN ALPHABETS IST RUND 900-MAL SELTENER ALS DER HÄUFIGSTE.

Dass der meistgebrauchte Buchstabe das E ist, ist allgemein bekannt. Immerhin macht es rund 17 Prozent aller deutschen Buchstaben aus. Dagegen bringt es der am wenigsten benutzte nur auf sehr bescheidene 0,02 Prozent. Oder anders ausgedrückt: Unter 5 000 Buchstaben eines deutschen Textes findet sich durchschnittlich nur ein einziges Q. Damit liegt es noch hinter dem X mit 0,03 und dem Y mit 0,04 Prozent. Und so haben Wissenschaftler für jeden Buchstaben die statistische Häufigkeit ermittelt, mit der er in allen möglichen Texten vorkommt.

Wozu das gut ist? Die Kenntnis der Buchstabenhäufigkeit ist zum Beispiel bei der Entwicklung einer Tastatur wichtig. Denn dort sollen die meistgebrauchten Buchstaben – E, N, I, S und R – sich deutlich einfacher und schneller tippen lassen als die seltenen. Auch einfache Geheimschriften, bei denen jeder Buchstabe durch einen bestimmten anderen ersetzt ist, lassen sich relativ leicht entschlüsseln, wenn man den am häufigsten vorkommenden Buchstaben jedes Mal durch ein E, den zweithäufigsten durch ein N, den dritthäufigsten durch ein I und so weiter ersetzt.

Wichtig ist die Buchstabenhäufigkeit auch für manche Spiele. So gibt es etwa bei der deutschen Version von »Scrabble« eine ganze Menge Steine mit E, aber jeweils nur einen einzigen mit Q, X oder Y.

DIE EXTREMSTEN GEGENSÄTZE UNSERES ALLTAGS

WELCHES BUCH IST DAS DICKSTE DER WELT?

ES GIBT EINE MENGE DICKER UND SCHWERER WÄLZER AUF DIESER WELT, ABER NUR EINEN EINZIGEN, DER 50 KILOGRAMM WIEGT.

Das erstaunt jedoch nicht mehr, wenn man weiß, um was für einen Koloss es sich handelt. Denn das Buch mit seinen 50 560 Seiten ist unglaubliche 4,10 Meter dick. Man mag es kaum glauben, aber es ist ein Kinderbuch. Der gewaltige Umfang wird schon aus dem Titel deutlich, denn der Schinken heißt »Käpt'n Blaubär – Das dickste Buch des Universums«. Mehr als 40 000 Kinder haben daran mitgeschrieben und -gemalt, und zwar Geschichten und Bilder zum Thema Straßenverkehr. Damit sind sie einem Aufruf des Bundesverkehrsministeriums gefolgt, das im Jahr 2010 Kinder aus Kindergärten und Schulen gebeten hatte, über all das zu schreiben oder Bilder zu malen, was ihnen einfällt, wenn sie an Autos, Fahrräder, Fußgänger, Ampeln, Zebrastreifen und andere Straßenszenen denken.

Bislang gibt es von dem Buch nur ein einziges Exemplar. Wer gern wissen möchte, was drinsteht, kann darin im Internet auf der Seite www.dickesbuch.de rumschmökern. Oder er lässt sich ein eigenes drucken. Dafür muss er allerdings den Schnäppchenpreis von 9 900 Euro hinblättern.

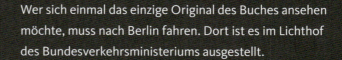

Wer sich einmal das einzige Original des Buches ansehen möchte, muss nach Berlin fahren. Dort ist es im Lichthof des Bundesverkehrsministeriums ausgestellt.

UND WELCHES HAT DIE KLEINSTE SCHRIFT?

DIE SCHRIFT IM KLEINSTEN BUCH DER WELT IST SO WINZIG, DASS MAN SIE UNMÖGLICH OHNE LUPE ENTZIFFERN KANN.

Das ist auch kein Wunder, denn die Buchstaben messen nur einen Hundertstelmillimeter. Das Buch, in dem sie stehen, stammt aus Japan und hat den Titel »Shiki no Kusabana«, was auf Deutsch so viel bedeutet wie »Blumen der Jahreszeiten«. Es hat 22 Seiten, ist quadratisch, und die Seitenlänge des Quadrats beträgt nicht einmal einen Millimeter. Genau genommen misst der Winzling 0,75 × 0,75 Millimeter, womit er etwa so »groß« ist wie ein Stecknadelkopf – wohlgemerkt nicht so ein dicker bunter, sondern einer aus Metall. Und obwohl das Büchlein so unglaublich klein ist, enthält es sehr hübsche Schwarz-Weiß-Bilder japanischer Blumen sowie deren Namen.

Ausgestellt ist das Buch, dessen Aufnahme ins »Guinnessbuch der Rekorde« der Verlag inzwischen beantragt hat, in Tokio. Und zwar im Museum der Toppan-Werke, die es gedruckt haben. Dort kann man es nicht nur anschauen, sondern auch für umgerechnet 240 Euro kaufen – einschließlich einer größeren, mit bloßem Auge lesbaren Version sowie einer Lupe.

Bis zum Erscheinen von »Shiki no Kusabana« hielt den Winzigkeitsrekord ein russisches Werk, das 0,9 Millimeter maß und damit das japanische Blumenbüchlein um 0,15 Millimeter übertraf.

DIE EXTREMSTEN GEGENSÄTZE UNSERES ALLTAGS

WELCHER ORTSNAME IST DER LÄNGSTE DER WELT?

ES GIBT EINE STADT MIT EINEM 167 BUCHSTABEN LANGEN NAMEN.

Gemeint ist die poetische Bezeichnung der thailändischen Hauptstadt Bangkok: »Krung thep mahanakhon bovorn ratanakosin mahin thara yutthaya mahadilok pop nopara trat chathani burirom udom ratchani vetma hasathan amornpiman avatarnsathik sakkathattyia vismu karmprasit«. Erstaunlicherweise bedeutet das nicht mehr als »Stadt der Engel«. Die Einheimischen sprechen das Wortungetüm allerdings so gut wie nie vollständig aus, sondern begnügen sich mit der Abkürzung »Krung thep«.

Platz zwei belegt der Name eines neuseeländischen Ortes in der Sprache der Ureinwohner, der Maori. Der bringt es zwar mit 83 Buchstaben nur auf die Hälfte des Rekordhalters, dafür schreibt man ihn in einem einzigen Wort: »Taumatawhakatangihangakoauauotamateaturipukakapimaungahoronukupokaiwhenuakitanatahu«. Übersetzt bedeutet das so viel wie »Der Ort, an dem Tamatea, der Mann mit den starken Knien, der das Land durchwanderte und als Landmesser bekannt war, zum Andenken an seinen Bruder Flöte spielte«.

Und der europäische Ort mit dem längsten Namen? Der liegt im südlichen Wales und heißt »Llanfairpwll-gwyngyllgogerychwyrndrobwll-llantysilio-gogogoch«. Auf Deutsch bedeutet das: »Die Marienkirche in der Mulde des weißen Haselnussstrauchs in der Nähe eines reißenden Strudels und der Kirche von St. Tysilio bei der roten Höhle«.

UND WELCHER IST AM KÜRZESTEN?

DEN KÜRZESTEN NAMEN – ER BESTEHT AUS NUR EINEM EINZIGEN BUCHSTABEN – TEILEN SICH MEHRERE ORTSCHAFTEN.

Er lautet Å, und an dem Kringel über dem A erkennt man, dass der Name aus Skandinavien stammt. Tatsächlich gibt es in Nordeuropa gleich vier Orte dieses Namens, und zwar zwei in Norwegen und je einen in Schweden und Dänemark. Ausgesprochen wird das Kringel-A wie ein weit offenes O (etwa in »Torte«).

Daneben gibt es auch in Frankreich einen Ort mit nur einem einzigen Buchstaben: das winzige Dörfchen Y im Département Somme. Das ist mit 85 Einwohnern allerdings so klein, dass man es kaum als selbstständigen Ort bezeichnen kann.

Und in Deutschland? Da lautet der kürzeste Name schlicht »Au«, was so viel bedeutet wie »am Wasser gelegen«. So heißen gleich drei Orte: erstens ein Dorf im Breisgau in der Nähe von Freiburg, zweitens das davon gar nicht so weit entfernte »Au am Rhein« bei Rastatt und drittens der Markt »Au in der Hallertau« im oberbayerischen Landkreis Freising.

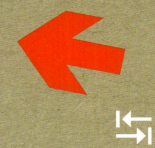

Bezieht man bei den Städten und Dörfern namens Au auch Teilorte mit ein, so finden sich in Deutschland gleich 95, die weitaus meisten davon in Bayern. Daneben gibt es aber auch noch andere Teilorte mit nur zwei Buchstaben, und zwar gleich mehrere namens »Ed« und »Öd« sowie je ein »Ay« und »Oy«.

IN WELCHEM LAND DER ERDE SPRICHT MAN AM MEISTEN SPRACHEN?

IN ETLICHEN LÄNDERN DIESER ERDE GIBT ES EINE FÜLLE UNTERSCHIEDLICHER SPRACHEN. DOCH SO VIELE WIE IN INDIEN FINDET MAN SONST NIRGENDWO AUF DER WELT.

In Deutschland spricht man Deutsch, in Frankreich Französisch und in Italien Italienisch. Das heißt, in jedem dieser Länder gibt es eine und nur eine offizielle Landes- oder Nationalsprache. Doch das ist nicht überall so. So verständigen sich etwa die Einwohner der Schweiz in vier verschiedenen Sprachen, nämlich in Deutsch, Französisch, Italienisch und Rätoromanisch. Gegen Indien ist das allerdings noch gar nichts. Denn dort gibt es 22 Sprachen, die in Artikel acht der Verfassung als offiziell aufgelistet sind. Davon wird die häufigste – Hindi – von 41 Prozent der Inder gesprochen, während sich in der seltensten – Bodo – gerade mal 0,1 Prozent unterhalten. Außer diesen 22 offiziellen Sprachen existiert noch eine Vielzahl weiterer, die sich nicht genau zählen lassen, weil die Grenze zwischen einer eigenständigen Sprache und einem Dialekt kaum zu bestimmen ist. Insgesamt gehen Wissenschaftler aber von rund 180 Sprachen und 550 Dialekten aus. Trotz dieser ungeheuren Vielfalt gibt es jedoch keine Sprache, die jeder Inder versteht. Aber das ist in der Schweiz ja auch nicht anders.

Die weltweit meistgesprochene Sprache ist mit großem Abstand Chinesisch. Mehr als eine Milliarde Menschen sprechen sie. Auf den Plätzen zwei und drei folgen Englisch und Spanisch.

UND IN WELCHEM SCHREIBT MAN MIT DEN WENIGSTEN BUCHSTABEN?

UNSER ALPHABET HAT BEKANNTLICH 26 BUCHSTABEN, UND WIR GLAUBEN, AUF KEINEN DAVON VERZICHTEN ZU KÖNNEN. DOCH ES GIBT EIN LAND, IN DEM KOMMEN DIE MENSCHEN MIT WENIGER ALS DER HÄLFTE AUS.

Dieses Land ist eigentlich gar kein eigenes Land, sondern ein Staat der USA, der ein ganzes Stück vom Mutterland entfernt liegt: Hawaii. Dessen Bewohner kannten ursprünglich gar keine Schrift. Erst lange nach der Entdeckung der Inseln durch James Cook im Jahre 1779 begannen sie, Wörter und Sätze niederzuschreiben. Und mit der Schrift kam auch so etwas wie ein Alphabet auf die Inseln. Das besteht nur aus ganzen zwölf Buchstaben: den fünf Vokalen A, E, I, O und U sowie den sieben Konsonanten H, K, L, M, N, P und W. Ausgesprochen werden die Vokale wie im Deutschen, Italienischen oder Lateinischen und nicht wie im Englischen (obwohl Hawaii zu den USA gehört). Das Wort für »Prinzessin« spricht man deshalb »Like-like« und nicht etwa »Leik-leik« aus. Allerdings kennt die hawaiische Sprache keine Doppelvokale, das heißt, jeder Vokal wird gesondert betont, also etwa so: »Ka-u-a-i«, »Ni-i-ha-u« oder »Ha-wa-i-i«. Ein Querstrich über einem Vokal, wie bei ā, ē, ū, ō und ī, bedeutet, dass er lang gesprochen und die Silbe betont wird. Und jede Silbe endet, ebenso wie jedes vollständige Wort, mit einem Vokal.

Die hawaiische Schrift wird natürlich nur verwendet, um damit Wörter der Ursprache zu schreiben. Für die zweite offizielle Landessprache – Englisch – benutzt man auch auf Hawaii das uns vertraute 26-buchstabige Alphabet.

DIE EXTREMSTEN GEGENSÄTZE UNSERES ALLTAGS

WER WAR DER ÄLTESTE OLYMPIATEILNEHMER ALLER ZEITEN?

WENN EIN SPORTLER HEUTZUTAGE 30 IST, GILT ER SCHON ALS VETERAN. DOCH ES GAB EINMAL EINEN, DER GEWANN MEHR ALS DOPPELT SO ALT EINE OLYMPISCHE GOLDMEDAILLE – UND NAHM DANACH SOGAR NOCH AN ZWEI WEITEREN OLYMPISCHEN SPIELEN TEIL.

Der Mann hieß Oscar Swahn und war Schwede. Er wurde im Oktober 1847 geboren, und als er 1908 als Sportschütze an den Spielen von London teilnahm, gewann er gleich drei Medaillen: je eine goldene im Einzel- und Teamwettbewerb der Disziplin »Laufender Hirsch – Einzelschuss« sowie eine bronzene in »Laufender Hirsch – Doppelschuss«. Da war er schon 60 Jahre alt. Doch ans Aufhören dachte er deshalb noch lange nicht. Auch vier Jahre später, bei den Olympischen Spielen in Stockholm, gehörte er der schwedischen Mannschaft an. Und rechtfertigte seine Aufstellung prompt mit einer weiteren Goldmedaille, wieder in seiner Paradedisziplin »Laufender Hirsch – Einzelschuss«. Damals war er genau 64 Jahre und 257 Tage alt und damit der älteste Goldmedaillengewinner aller Zeiten. Diesen Rekord hält er bis heute. Doch das ist noch immer nicht alles. Denn weitere acht Jahre später, bei den Olympischen Spielen 1920 in Antwerpen, trat Swahn, jetzt 72, ein letztes Mal an. Er gewann noch einmal eine Silbermedaille und ist seither der älteste Olympiateilnehmer, den es je gegeben hat.

Bei der Schießdisziplin »Laufender Hirsch« muss der Schütze das Zentrum einer Scheibe mit aufgemaltem Hirsch treffen, die vor ihm in 50 Meter Abstand ziemlich schnell vorbeiläuft. Bei »Einzelschuss« muss gleich der erste Treffer sitzen, bei »Doppelschuss« hat er noch eine zweite Chance.

UND WER WAR DER JÜNGSTE SPIELER BEI EINER FUSSBALL-WELTMEISTERSCHAFT?

DER JÜNGSTE SPIELER BEI EINER WELTMEISTERSCHAFT HÄTTE LOCKER DER SOHN DES ÄLTESTEN SEIN KÖNNEN.

Allerdings spielten die beiden Rekordhalter nicht bei derselben WM. Der Kameruner Roger Milla stellte seinen Altersrekord mit seinerzeit 42 Jahren beim Turnier 1994 in den USA auf. Der bislang jüngste Teilnehmer einer WM spielte dagegen schon bei den Weltmeisterschaften 1982 in Spanien. Das war der Nordire Norman Whiteside, der damals mit nur 17 Jahren bei allen fünf Spielen seines Landes eingesetzt wurde. Damit löste er den Brasilianer Pelé als jüngsten Spieler aller Zeiten ab.
Als Whiteside mit zur WM fuhr, war es gerade mal zwei Monate her, dass er überhaupt das erste Mal in der englischen Premier League, und zwar für Manchester United, gespielt hatte. Da war er sogar erst 16 Jahre alt, wurde aber sofort Stammspieler. Und das blieb er auch. In den folgenden Jahren bestritt er für sein Team zahlreiche Partien und war auch mehrfach als Torschütze erfolgreich. 1989 wechselte er dann von Manchester zum FC Everton, doch im zweiten Spiel der Saison 1990/91 verletzte er sich so schwer am Knie, dass er seine Karriere für immer aufgeben musste. Den Rekord als jüngster WM-Teilnehmer hält Whiteside aber bis heute.

DIE EXTREMSTEN GEGENSÄTZE UNSERES ALLTAGS

IN WELCHEM LAND DER ERDE GIBT ES DIE MEISTEN HANDYS?

HANDYS HABEN SICH SO STARK VERBREITET, DASS ES DAVON IN ACHT LÄNDERN DER WELT MEHR GIBT ALS EINWOHNER.

Das klingt eigentlich gar nicht so überraschend, denn egal, wo man sich aufhält, überall sitzen, stehen oder gehen Menschen, die mehr oder minder aufgeregt und fast immer unnötig laut in ein Mobiltelefon sprechen. Man könnte fast meinen, inzwischen habe jeder so ein Gerät. Doch das stimmt nicht. Zwischen den Ländern der Welt bestehen ganz erhebliche Unterschiede. Insgesamt die meisten Handys gibt es da, wo auch die meisten Menschen leben: in China. 485 Millionen Geräte sind dort in Gebrauch, das sind gut doppelt so viele wie im zweitplatzierten Land, den USA, mit rund 210 Millionen. Deutschland liegt in dieser Statistik mit knapp 70 Millionen Geräten nach Japan (93 Millionen) auf Rang vier.

Ganz anders sieht es jedoch aus, wenn es um die Handydichte geht. Da liegt China mit 366 Mobiltelefonen pro 1 000 Einwohner abgeschlagen auf Platz 68, während Deutschland mit 843 Apparaten je 1 000 Einwohner Rang 26 belegt. Spitzenreiter in der Handydichte sind jedoch die Vereinigten Arabischen Emirate. Dort besitzt statistisch gesehen jeder Bürger mehr als ein Mobiltelefon, pro 1 000 Einwohner sind es 1 170.

In zahlreichen ärmeren Ländern, so zum Beispiel im Irak oder in Afghanistan, kommen auf 1 000 Einwohner nicht einmal drei Handys. Und in manchen Staaten Afrikas sind es sogar noch weniger.

UND IN WELCHEM GIBT ES AM WENIGSTEN INTERNET?

IN ETLICHEN LÄNDERN KÖNNEN, IN ANDEREN DÜRFEN DIE BEWOHNER KEIN INTERNET BENUTZEN.

Eines gleich vorweg: Da sich überall auf der Welt per Satellit eine Verbindung zum Internet herstellen lässt, gibt es grundsätzlich kein Land, das komplett vom World Wide Web abgeschnitten ist. Was dagegen oft fehlt, sind die technischen Voraussetzungen, um ins Netz zu gelangen. Das gilt besonders für viele arme Entwicklungsländer, in denen kaum ein Bewohner einen Computer besitzt, der einen Netzzugang ermöglichen würde, und zudem die Verbindungskosten über Satellit praktisch unerschwinglich sind. So nutzt etwa im westafrikanischen Liberia nur etwa jeder 1 400. Einwohner das Internet.

In etlichen anderen Ländern, in denen der Netzzugang eigentlich problemlos möglich wäre, wird er von den Regierungen massiv eingeschränkt. Das gilt sogar für das technisch hochgerüstete China, wo die Bewohner nur ausgewählte Teile des Netzes nutzen können. Neben China zählen Länder wie Nordkorea, Kuba, Iran, Saudi-Arabien, Weißrussland, Bahrain und Vietnam zu den schlimmsten »Feinden des Internet«. Dort könnten die Menschen im Internet surfen, dürfen es aber nicht.

Die fleißigsten Internetnutzer sind die Luxemburger. Von 1 000 Einwohnern sind 929 regelmäßig im World Wide Web unterwegs. Zum Vergleich: In Deutschland sind es 680 und in China nur 102.

Rasende Schiffe und schleichende Flugzeuge –

DIE EXTREMSTEN GEGENSÄTZE DER TECHNIK

DIE EXTREMSTEN GEGENSÄTZE DER TECHNIK

WELCHE BRÜCKE IST AM HÖCHSTEN?

UNTER DER HÖCHSTEN BRÜCKE DER WELT HÄTTEN DREI AUFEINANDERGETÜRMTE KÖLNER DOME PLATZ.

Denn die Türme des Kölner Doms, nach denen des Ulmer Münsters die zweithöchsten in Europa, sind 157,3 Meter hoch. Dreimal aufeinandergestellt ergäbe das 471,9 Meter. Und die Hängebrücke, um die es geht, überspannt ein Flusstal in China in einer Höhe von sage und schreibe 472 Metern. Sie ist 900 Meter lang und verbindet die beiden Seiten eines tiefen Tals, durch das der Fluss Siduhe dahinströmt. Die Brücke wurde 2009 eröffnet und ist Teil einer Autobahn, die die Millionenstädte Shanghai und Chongqing miteinander verbindet.

Platz zwei der höchsten Straßenbrücken der Welt belegt die Baluarte-Brücke in Mexiko, die mit 403 Metern auch die höchste in ganz Amerika ist. Über sie führt ebenfalls eine Autobahn, deren Fahrbahn, anders als bei der Siduhe-Brücke, jedoch an gewaltigen Stahlseilen hängt. Auf Platz drei folgt wieder ein gigantisches chinesisches Bauwerk: die Brücke über den Fluss Baling He. Mit einer Höhe von 375 Metern ist sie zwar fast 100 Meter niedriger als die Siduhe-Brücke, zwei Kölner Dome würden aber immer noch locker darunterpassen.

Und die höchste Brücke Europas? Das ist das Millau-Viadukt in Südfrankreich mit einer Höhe von 270 Metern. Die gewaltigen Pfeiler, an denen sie hängt, ragen bis zu 343 Meter aus der Landschaft auf – immerhin mehr als doppelt so hoch wie der Kölner Dom.

UND WELCHER TUNNEL IST AM TIEFSTEN?

WER MIT SEINEM AUTO SO TIEF UNTER DEM MEER FAHREN WILL WIE SONST NIRGENDS AUF DER WELT, MUSS SICH AUF DEN WEG NACH NORWEGEN MACHEN.

Dort wurde im Februar 2008 nach vierjähriger Bauzeit der 7,765 Kilometer lange zweispurige Eiksundtunnel für den Straßenverkehr freigegeben. Seither ist es möglich, mit Pkw, Lastwagen oder Bus vom Festland aus mehrere vorgelagerte Inseln zu erreichen, ohne eine Fähre benutzen zu müssen. Man fährt also nicht mehr über das Meer, sondern unter ihm hindurch, an der niedrigsten Stelle des Tunnels 287 Meter unter der Wasseroberfläche. Bis man so weit runterkommt, muss man allerdings erst mal eine ganze Weile ziemlich steil abwärtsfahren. Und natürlich geht es auf der anderen Seite genauso lang wieder bergauf.
Weil der Bau des Tunnels sehr teuer war, muss jeder, der ihn benutzt, eine Maut von umgerechnet rund zehn Euro bezahlen.

Um lange Staus und vor allem Auffahrunfälle zu vermeiden, hat man sich eine besondere Art ausgedacht, den Autofahrern die Gebühr abzunehmen. Die wird nämlich nicht an Kassenhäuschen in bar erhoben, vielmehr erfasst eine Kamera automatisch das Kennzeichen jedes Autos, das den Tunnel passiert. Dem Fahrzeughalter flattert dann ein paar Tage später die Rechnung ins Haus.

DIE EXTREMSTEN GEGENSÄTZE DER TECHNIK

WELCHES SCHIFF FÄHRT AM SCHNELLSTEN?

DAS SCHNELLSTE SCHIFF DER WELT RAST DOPPELT SO SCHNELL ÜBERS WASSER WIE EIN ICE ÜBER DIE SCHIENEN.

Ganz genau beträgt der Geschwindigkeitsrekord 511,13 Stundenkilometer. Ein Profi-Rennbootpilot stellte ihn am 8. Oktober 1978 auf einem Stausee in Australien auf. Das Schiff, die »Spirit of Australia«, wurde von einem Düsenmotor angetrieben, der von einem ausgemusterten Militärjet stammte.

Die rasende Fahrt war nicht ungefährlich, denn bei einem Rennboot besteht immer die Gefahr, dass es abhebt und sich überschlägt. Kein Wunder daher, dass bei den bisherigen – allesamt erfolglosen – Versuchen, diesen Geschwindigkeitsrekord zu brechen, jeder zweite Fahrer ums Leben kam.

Besonders schnell sind auf dem Wasser neben derartigen Superrennern auch Tragflügelboote – sie erreichen bis zu 120 Stundenkilometer – und vor allem Luftkissenfahrzeuge unterwegs, die es auf Tempo 150 bringen.

Eigentlich gibt man die Geschwindigkeit eines Schiffes nicht in Stundenkilometern an, sondern in Knoten. Ein Knoten ist gleichbedeutend mit einer Seemeile: 1,852 Kilometer pro Stunde. Will man Knoten daher grob in Stundenkilometer umrechnen, so verdoppelt man die Zahl und zieht ein Zehntel ab. 20 Knoten sind also ungefähr 36 Stundenkilometer.

UND WELCHES FLUGZEUG FLIEGT AM LANGSAMSTEN?

DAS LANGSAMSTE FLUGZEUG ALLER ZEITEN KANN BEI GEGENWIND IN DER LUFT STEHEN BLEIBEN UND SOGAR RÜCKWÄRTSFLIEGEN.

Dieses Flugzeug, das 1936 entwickelt und im Zweiten Weltkrieg eingesetzt wurde, hört wegen seines auffällig hochbeinigen Fahrwerks auf den merkwürdigen Namen »Fieseler Storch«. Die spezielle Konstruktion erlaubt es ihm, sich noch bei unter 50 Stundenkilometern oben zu halten, was bedeutet, dass er bei stärkerem Gegenwind regungslos in der Luft stehen kann. Doch das ist noch nicht alles: Weht auf einem Flugplatz ein ordentlicher Wind, so kann ein dagegen anfliegender Fieseler Storch nicht nur gleichsam auf der Stelle, sondern sogar rückwärtsfliegen und auch so landen.

Andere Flugzeuge, die dem Storch an Langsamkeit kaum nachstehen, und deshalb ebenfalls auf äußerst kurzen Bahnen starten und landen können, sind die britische »Westland Lysander«, die amerikanische »Piper L 4«, die schweizerische »Pilatus PC-6 Porter« und die kanadische »De Havilland Beaver«. All diese Flugzeuge wurden in den 1930er-Jahren vorwiegend für militärische Einsätze entwickelt, etliche von ihnen fliegen aber noch heute.

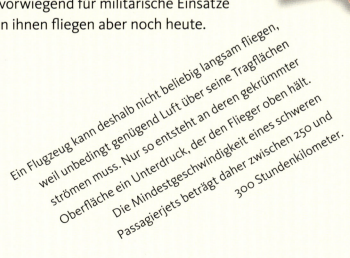

Ein Flugzeug kann deshalb nicht beliebig langsam fliegen, weil unbedingt genügend Luft über seine Tragflächen strömen muss. Nur so entsteht an deren gekrümmter Oberfläche ein Unterdruck, der den Flieger oben hält. Die Mindestgeschwindigkeit eines schweren Passagierjets beträgt daher zwischen 250 und 300 Stundenkilometer.

73

DIE EXTREMSTEN GEGENSÄTZE DER TECHNIK

WELCHES MOTORRAD IST DAS TEUERSTE DER WELT?

EIN PORSCHE CARRERA KOSTET RUND 100 000 EURO. VIER DAVON KÖNNTE MAN SICH FÜR DAS GELD KAUFEN, DAS MAN FÜR DAS TEUERSTE MOTORRAD ALLER ZEITEN HINBLÄTTERN MUSS.

Dabei ist das keinesfalls ein hochmodernes Hightechgerät, sondern eine Maschine, die schon 100 Jahre alt ist. Sie heißt »Cyclone Board Race Tracker« und wurde in den Jahren 1914 und 1915 von der Joerns Motor Manufacturing Company im US-Staat Minnesota als Rennmaschine gebaut – und zwar vermutlich nur zehn- bis zwölfmal. Das Besondere an ihr war der Motor mit zwei Zylindern, dessen Ein- und Auslassventile jeweils durch eine eigene, oben liegende Nockenwelle betätigt wurden – für die damalige Zeit ein geradezu sensationeller technischer Aufwand. Zwar leistete der Motor des Renners nur 45 PS, und seine Höchstgeschwindigkeit betrug bescheidene 177 Stundenkilometer, aber das waren damals Werte, die Kennern das Wasser im Mund zusammenlaufen ließen. Doch die Firma floppte mit einer Straßenversion. Deshalb musste die Joerns Motor Manufacturing Company 1916 die Herstellung von Motorrädern einstellen. Heute soll es von der legendären »Cyclone Board Race Tracker« weltweit nur noch sechs Stück geben, genau weiß das niemand. Fest steht dagegen, dass eine dieser Maschinen im Jahr 2008 für umgerechnet 430 000 Euro versteigert wurde – den höchsten Preis, der jemals für ein Motorrad bezahlt wurde.

Wie damals bei Rennmotorrädern üblich, hatte die Cyclone Board Race Tracker keine Bremse. Um das Tempo zu drosseln, musste der Fahrer jedes Mal die Zündung ausschalten.

UND WELCHES AUTO IST DAS BILLIGSTE?

ZWAR MUSS MAN FÜR EINEN PORSCHE CARRERA NUR EIN VIERTEL DES PREISES BEZAHLEN, DEN DAS TEUERSTE MOTORRAD KOSTET, ABER MAN KANN FÜR DASSELBE GELD AUCH 50 ANDERE AUTOS KAUFEN.

Das klappt jedoch nur, wenn man sich für das billigste Auto der Welt entscheidet: den indischen »Tata Nano«. Obwohl der mit einer Länge von 3,10 Meter zu den absoluten Kleinstwagen gehört, hat er in seinem Inneren für vier Erwachsene Platz. Die hocken allerdings auf dünnen, unbequemen Sitzen, die sich kaum verstellen lassen. Dafür ist das Auto mit einem Preis von rund 2 000 Euro ausgesprochen billig. Doch dieser niedrige Betrag wird mit dem Verzicht auf jeglichen Luxus bezahlt, wobei auch Elemente fehlen, die der Sicherheit der Insassen dienen und mittlerweile Standard sind. So gibt es im Nano weder eine Servolenkung oder ABS noch Scheibenbremsen oder gar Airbags. Elektrische Fensterheber sucht man ebenso vergebens wie einen rechten Außenspiegel, Klimaanlage oder Radio. Dort, wo andere Autos stabiles Blech besitzen, weist der Nano billige Kunststoffteile auf, und auch die Motorleistung ist überaus bescheiden: Die Zweizylindermaschine hat einen Hubraum von gerade mal 624 Kubikzentimetern und eine Leistung von 35 PS. Damit beschleunigt das Gefährt natürlich sehr gemächlich, bringt es aber immerhin auf eine Höchstgeschwindigkeit von 105 Stundenkilometern.

Der Nano ist zwar das billigste, aber nicht das kleinste Auto der Welt. Diesen Rekord hält der englische »Peel P 50« mit einer Länge von 1,35 Metern. Mehr als ein Fahrer und eine Einkaufstüte passen nicht hinein.

DIE EXTREMSTEN GEGENSÄTZE DER TECHNIK

WELCHE KAMERA IST DIE SCHNELLSTE DER WELT?

DIE SCHNELLSTE KAMERA DER WELT MACHT EINE BILLION BILDER PRO SEKUNDE.

Sie wurde von US-amerikanischen Ingenieuren entwickelt und arbeitet mit einem Laser, der Impulse von einer Milliardstelsekunde aussendet. Derart kurze und extrem präzise aufeinanderfolgende Lichtblitze sind mit herkömmlicher Kameratechnik nicht annähernd erreichbar. Sogar die Abläufe im Inneren einer lebenden Zelle können damit sichtbar gemacht werden. Im Prinzip funktioniert das wie die Aufnahme eines mit Höchsttempo vorbeirasenden Formel-1-Rennwagens. Soll die scharf werden, darf das Kameraobjektiv nur einen winzigen Augenblick offen sein, so kurz eben, dass sich das Auto in dieser Zeitspanne praktisch nicht vorwärtsbewegt und ein Einzelbild entsteht. Bliebe der Verschluss länger offen, würde die Aufnahme vollkommen unscharf werden. Während jedoch bei dem schnellsten Auto Kameraverschlusszeiten im Tausendstelsekundenbereich ausreichen, müssen diese zur Darstellung biologischer oder chemischer Abläufe noch millionenfach kürzer sein. So schnell arbeitet die Hochleistungskamera, dass man damit sogar die Ausbreitung des Lichts – und das ist 300 000 Kilometer pro Sekunde schnell (siehe Seite 105) – sichtbar machen kann. Dazu muss man die Bilder zusammensetzen und dann nacheinander ablaufen lassen.

Die Methode, von einem Vorgang kurz nacheinander sehr schnell sehr viele Bilder zu machen und diese mit normalem Vorführtempo ablaufen zu lassen, nennt man Zeitlupe. Je mehr Aufnahmen man innerhalb einer bestimmten Zeit schießt, desto langsamer erscheint der Vorgang im fertigen Film.

UND WELCHE UHR IST DIE LANGSAMSTE?

INGENIEURE HABEN EINE UHR GEBAUT, DIE NUR EIN EINZIGES MAL IM JAHR TICKT. UND NUR ALLE HUNDERT JAHRE BEWEGT SICH DER ZEIGER EIN KLEINES STÜCK WEITER.

Klar, dass man mit dem verrückten Gerät – es steht im US-Staat Kalifornien und ist 3 Meter hoch – nicht feststellen kann, wie spät es gerade ist. Und dennoch ist es eine Uhr. Denn ihre Glocke schlägt sekundengenau, allerdings nur alle tausend Jahre einmal. Das letzte Mal war das ganz präzise – mit nur zwei Schlägen – zu Beginn des zweiten Jahrtausends, also am 1. Januar 2000. Das nächste Mal wird die Uhr um Mitternacht zwischen dem 31. Dezember 2999 und dem 1. Januar 3000 schlagen – dann dreimal.

Natürlich ist die technisch extrem aufwendig konstruierte Uhr nicht als üblicher Zeitmesser gedacht, sondern eher als eine Art Mahnmal, das daran erinnern soll, dass die Sekunden, Minuten, Stunden, Tage, Wochen und Jahre unaufhaltsam vergehen. Denn auch wenn das Wunderwerk der Technik erst wieder in knapp tausend Jahren schlägt, wird dieser Zeitpunkt unweigerlich kommen.

Das letzte Mal soll die »Uhr des langen Jetzt«, wie ihre Erfinder sie genannt haben, mit Anbruch des 1. Januar 12 000 schlagen – dann zwölfmal. Aber das hat ja noch ein bisschen Zeit.

> Wenn man genau nachrechnet, hat das jetzige Jahrtausend nicht mit dem 1. Januar 2000, sondern mit dem 1. Januar 2001 begonnen. Denn erst mit Ablauf des tausendsten Jahres ist ein solcher Zeitraum beendet. Dennoch wurde das seltene Ereignis fast überall auf der Welt schon Ende 1999 gefeiert.

DIE EXTREMSTEN GEGENSÄTZE DER TECHNIK

WELCHER ZUG FUHR BISHER AM SCHNELLSTEN?

GEGEN DEN SCHNELLSTEN ZUG DER WELT IST EIN FORMEL-1-RENNWAGEN EIN MÜDES VEHIKEL.

So ein Rennauto schafft zwar locker mehr als Tempo 300, der Zug jedoch, der bisher am schnellsten über die Schienen raste, brachte es auf eine Spitzengeschwindigkeit von 574,8 Stundenkilometern. Das war am 3. April 2007 auf der Strecke Paris–Straßburg, und der Rekordhalter war ein französischer TGV. Er trägt seinen Namen also vollkommen zu Recht, denn »TGV« ist die Abkürzung von »Train de Grande Vitesse«, was »Hochgeschwindigkeitszug« bedeutet. Zuvor hielt den Geschwindigkeitsweltrekord der japanische »Shinkansen«. Im Jahr 1996 erreichte er auf einer Hochgeschwindigkeitsstrecke kurzzeitig 443 Stundenkilometer.

Noch einen weiteren Rekord kann der TGV für sich beanspruchen: den für die höchste Durchschnittsgeschwindigkeit zwischen zwei Bahnhöfen. Bereits im Mai 2001 legte er die 1 067 Kilometer lange Strecke von Calais an der Nordsee nach Marseille am Mittelmeer mit einem mittleren Tempo von 305 Stundenkilometern zurück.

Der schnellste Zug, der jemals in Deutschland unterwegs war, war die Magnetschwebebahn »Transrapid«. Auf der eigens für sie gebauten Teststrecke im Emsland erreichte sie im Juni 1993 eine Geschwindigkeit von 450 Stundenkilometern.

UND WELCHER SCHNELLZUG FÄHRT AM LANGSAMSTEN?

IM VERGLEICH ZUM TGV IST DER »LANGSAMSTE SCHNELLZUG DER WELT« EINE LAHME SCHNECKE. OBWOHL ER »EXPRESS« HEISST, SCHAFFT DER ZUG NUR EINE DURCHSCHNITTSGESCHWINDIGKEIT VON KNAPP 40 STUNDENKILOMETERN.

Sein voller Name lautet »Glacier Express«, und er verkehrt auf der 291 Kilometer langen Strecke zwischen den noblen Schweizer Wintersportorten St. Moritz und Zermatt. Rund siebeneinhalb Stunden braucht er dafür. Dass der Glacier Express so langsam unterwegs ist, liegt an den gewaltigen Steigungen, die er auf seinem Weg quer durch die Alpen zu bewältigen hat. Bis auf über 2 000 Meter Höhe geht es hinauf, durch eine grandiose Berglandschaft, die den Passagieren immer wieder neue faszinierende Eindrücke und Ausblicke bietet. Insgesamt passiert der Zug sieben Täler, fährt über 291 Brücken und durch nicht weniger als 91 Tunnel. Durch das Schweizer Burgenland führt der Weg, durch die Rheinschlucht mit ihren kalkweißen Felsen über türkisfarbenem Flusswasser, vorbei an Bergseen und Gletschern und schließlich sogar über den 2 033 Meter hohen Oberalppass. So kommen die Reisenden während der ganzen Fahrt aus dem Staunen nicht heraus. Wenn auf eine Zugfahrt der Spruch »Der Weg ist das Ziel« zutrifft, dann ganz sicher auf die des weltberühmten Glacier Express durch die Schweizer Alpen.

Warum gehört der Glacier Express zu den Schnellzügen, obwohl er so langsam ist? Die Bezeichnung Schnellzug bedeutet nicht etwa, dass der Zug mit irrem Tempo über die Schienen rast, sondern dass er auf seiner Strecke nur an den wichtigsten Stationen haltmacht.

DIE EXTREMSTEN GEGENSÄTZE DER TECHNIK

WELCHE EISENBAHNSTRECKE IST AM LÄNGSTEN?

DIE LÄNGSTE EISENBAHNSTRECKE DER WELT MISST 9 288 KILOMETER – DAS IST 15-MAL DIE ENTFERNUNG MÜNCHEN–HAMBURG. DIE FAHRT VON EINEM BIS ZUM ANDEREN ENDE DAUERT ACHT TAGE UND SIEBEN NÄCHTE.

Bei dieser Strecke handelt es sich um diejenige der berühmten »Transsibirischen Eisenbahn«, die die russische Hauptstadt Moskau mit Wladiwostok im äußersten Osten von Sibirien verbindet. Die ersten 1 777 Kilometer der gewaltigen Strecke gehören noch zu Europa, danach, das heißt auf den restlichen 7 511 Kilometern, fährt die Bahn durch Asien. Dabei überquert sie 16 breite Ströme und führt durch Gegenden, in denen es im Winter bis zu minus 60 Grad Celsius kalt wird.
Ursprünglich – der erste Spatenstich erfolgte im Jahr 1891 – wurde die Strecke gebaut, um Bodenschätze wie Kohle, Erdöl, Erdgas und Eisenerz aus dem kaum besiedelten Sibirien in die großen Industriezentren des russischen Westens zu transportieren. Heute verkehrt hier vor allem der berühmte »Transsibirien-Express«, der jeden zweiten Tag in Moskau abfährt und auf seinem Weg nach Wladiwostok an mehr als 80 Bahnhöfen haltmacht. Daneben nutzen aber auch viele andere Züge die Strecke.

Einen solch langen Schienenstrang durch oft unwegsames, gebirgiges Land zu bauen, war eine unvorstellbare Leistung. Und weil sich nur wenige Arbeiter fanden, die zu den mit dem Bau verbundenen Qualen und Entbehrungen bereit waren, setzte man dafür kurzerhand Tausende von Sträflingen ein. Wie viele von ihnen während der rund 25-jährigen Bauzeit ums Leben kamen, ist nicht bekannt; mit Sicherheit waren es über 10 000!

UND WELCHE STRASSE IST AM KÜRZESTEN?

DIESE IST MIT 2 METERN UND 6 ZENTIMETERN SO KURZ, DASS DARAN NUR EIN EINZIGES HAUS PLATZ HAT.

Wenn man es genau nimmt, ist sie gar keine richtige Straße, sondern ein Platz, zumindest dem Namen nach. Sie heißt nämlich »Ebenezer Place« und liegt in der kleinen nordschottischen Hafenstadt Wick. Und das einzige Haus, das an ihr liegt und logischerweise die Hausnummer eins trägt, ist ein kleines Bistro. Es ist Teil eines Hotels, dessen Besitzer Murray Lamont »Ebenezer Place« daher mit Fug und Recht als »seine Straße« bezeichnen kann.

Die Ministraße ist inzwischen richtig berühmt geworden. Vor allem seit sie im renommierten »Guinnessbuch der Rekorde« steht, kommen viele Besucher, um sie sich anzusehen. Praktisch für den Besitzer Lamont, dass die dann oft auch gleich in seinem Bistro einkehren.

Es scheint also doch etwas dran zu sein, dass die Schotten geizig sind. Schließlich beweist »Ebenezer Place« eindeutig, dass sie sogar an den Straßenlängen knausern.

»Ebenezer Place« wurde schon 1883 gebaut und 1887 offiziell zur Straße erklärt, gilt aber erst seit Kurzem als kürzeste der Welt. Das liegt daran, dass sie erst vor wenigen Jahren im Stadtplan von Wick verzeichnet wurde – eine unabdingbare Voraussetzung zur Anerkennung des kuriosen Rekords. Seitdem hat Ebenezer Place seinem Vorgänger, dem mit 5 Metern und 20 Zentimetern mehr als doppelt so langen »Elgin Place« im westenglischen Bacup, jedenfalls deutlich den Rang abgelaufen.

DIE EXTREMSTEN GEGENSÄTZE DER TECHNIK

WELCHES GEBÄUDE IST DAS HÖCHSTE DER WELT?

DAS HÖCHSTE GEBÄUDE DER WELT IST MEHR ALS FÜNFMAL HÖHER ALS DER HÖCHSTE KIRCHTURM. ES ÜBERRAGT DAS ZWEITHÖCHSTE FAST UM 200 METER.

Dabei ist schon das zweithöchste Gebäude der Welt ein gewaltiger Gigant: das 634 Meter hohe »Tokyo Sky Tree«-Fernsehturm in Japan. Würde man den mit 161,5 Meter höchsten Kirchturm der Welt, den des Ulmer Münsters, vier Mal aufeinanderstellen, so würde der den Turm um gerade mal zwölf Meter überragen. Würde man aber auf die vier Münstertürme noch einen fünften oben drauf setzen, läge dessen Spitze noch immer 21 Meter unter derjenigen des höchsten Gebäudes der Welt. Denn das misst stolze 828 Meter! Es heißt Burj Khalifa und steht seit 2010 in den Vereinigten Arabischen Emiraten. Der Wolkenkratzer hat mit 163 nutzbaren Etagen so viele wie kein anderer auf der Welt. Die unteren 37 (!) Stockwerke belegt ein Hotel, darüber kommen unzählige Büros. Und die 124. Etage bildet eine Aussichtsplattform mit Terrasse, von der aus man aus 452 Meter Höhe auf die Welt hinabblicken kann. Die höchste bewohnte Etage, eben die 163., liegt auf 584 Meter. Von da aus kann man aber per Aufzug noch weiter hochfahren, nämlich bis zum 189. Stockwerk in 638 Meter Höhe.

In der weiteren Reihenfolge der welthöchsten Wolkenkratzer folgt auf Platz drei mit 632 Metern der chinesische »Shanghai Tower«, dann das »Mecca Royal Clock Tower Hotel« (601 Meter) in Saudi-Arabien sowie auf Platz fünf der »Canton Tower«, ebenfalls in China (600 Meter).

UND WELCHES LOCH IST DAS TIEFSTE?

KÖNNTE MAN AN DER WAND DES TIEFSTEN LOCHS DER ERDE WIE AUF EINEM EBENEN WEG IN DIE TIEFE SPAZIEREN, SO BRÄUCHTE MAN RUND DREI STUNDEN, BIS MAN UNTEN ANKÄME.

Bei einigermaßen flottem Gehen schafft man pro Stunde rund 4 Kilometer, kommt also in drei Stunden etwa 12 Kilometer voran. Sogar noch ein kleines bisschen weiter, nämlich bis auf 12,3 Kilometer, geht es in das tiefste Loch hinab, das Menschen je in die Erde gebohrt haben. Es liegt auf der russischen Halbinsel Kola, und die Wissenschaftler, die dort zu Forschungszwecken möglichst tief Richtung Erdmittelpunkt vordringen wollten, benötigten 13 Jahre – von 1970 bis 1983 – bis sie so weit vorgedrungen waren. Dann ging ihnen das Geld aus. Außerdem gab es enorme technische Probleme, weil in dieser Tiefe statt der erwarteten 100 Grad Celsius Temperaturen von über 180 Grad gemessen wurden. Deshalb wurde das ehrgeizige Vorhaben eingestellt, und 2009 rissen Arbeiter dann auch den gewaltigen Bohrturm ab.

Das bedeutet aber nicht, dass die Bohrung sinnlos war, denn mit der Auswertung der über 45 000 Gesteinsproben, die die Forscher ans Tageslicht befördert haben, sind sie bis heute beschäftigt. Man kann davon ausgehen, dass sie dabei noch eine Menge Erkenntnisse über die Entstehung der Erde und deren inneren Aufbau gewinnen.

Auch wenn sich 12,3 Kilometer sehr viel anhören, ist das Kola-Bohrloch doch nur ein Kratzer in der Erdkruste. Denn die ist rund 35 Kilometer dick. Könnte man sie durchbrechen – was absolut unmöglich ist –, würde der Bohrkopf auf den rund 3 000 Kilometer dicken Erdmantel stoßen, in dem es 400 bis 900 Grad heiß ist.

DIE EXTREMSTEN GEGENSÄTZE DER TECHNIK

WELCHES FLUGZEUG IST AM GRÖSSTEN?

DER AIRBUS A 380 IST EIN GIGANT. STEHT MAN DAVOR, KANN MAN SICH KAUM VORSTELLEN, DASS ER SICH IN DIE LUFT ERHEBT. DABEI GIBT ES EIN FLUGZEUG, DAS NOCH ERHEBLICH RIESIGER IST.

Dieses Flugzeug ist die russische Antonow An-225. Sie übertrifft den mit 73 Meter Länge schon stattlichen A 380 noch um 11 Meter und ist auch bei der Spannweite Spitzenreiter: 88 Meter misst bei ihr der Abstand von Flügelspitze zu Flügelspitze, das sind 8 Meter mehr als beim Airbus. Allerdings war die An-225 – sie trägt den Beinamen »Mrija«, was »Traum« bedeutet – nicht gedacht, Passagiere zu befördern. Ursprünglich bestand ihre Aufgabe darin, die gewaltige russische Raumfähre »Buran« zu transportieren. Zu diesem Zweck statteten ihre Entwickler sie nicht nur mit zwei oder vier, sondern gleich mit sechs Triebwerken aus, die ihr erlauben, 250 Tonnen Nutzlast mitzuschleppen. Kein anderes Flugzeug der Welt schafft es, mit diesem enormen Ladegewicht abzuheben.

Von der An-225 wurde jedoch nur ein einziges Exemplar gebaut, denn als das zweite in Arbeit war, wurde das Buran-Programm überraschend abgebrochen, sodass kein weiterer Raumfähren-Transporter erforderlich war. Daraufhin wurde das eine Exemplar aufwendig umgebaut und dient seit 2001 als ziviles Frachtflugzeug. Seither ist der Koloss in aller Herren Länder unterwegs. Mehrmals ist er auch schon in Deutschland gelandet und hat dabei jedes Mal für gewaltiges Aufsehen gesorgt.

UND WELCHER HUBSCHRAUBER IST AM KLEINSTEN?

WER EINE GARAGE HAT, KANN STATT EINES AUTOS OHNE WEITERES AUCH EINEN HUBSCHRAUBER HINEINSTELLEN.

Das funktioniert allerdings nur mit dem kleinsten Hubschrauber, den es auf der Welt gibt. Denn dessen zwei übereinanderliegende Rotoren haben einen Durchmesser von 4,20 Metern und brauchen deshalb nur wenig mehr Platz als beispielsweise ein Ford Ka. Die Rede ist vom Ultraleicht-Hubschrauber GEN H-4, der sich angeblich so einfach fliegen lässt, dass es jeder, auch wenn er keinerlei Erfahrung hat, in einer Stunde lernen kann. Dazu nimmt der Pilot auf einem schlichten Sitz Platz, stützt seine Beine auf Fußrasten, vergleichbar denen eines Motorrads, ab und umfasst mit den Händen die vor ihm quer angebrachte Lenkstange, die von einem Mountainbike stammt. Daran ist eine Art Gasgriff angebracht, und wenn man den zu sich her dreht, beschleunigen die beiden gegenläufigen Rotoren, und der Kleinsthelikopter hebt ab beziehungsweise steigt auf. Umgekehrt sinkt er, wenn man den Gasgriff von sich wegdreht; auf diese Weise lässt er sich sehr leicht landen. Durch Wegdrücken beziehungsweise Heranziehen der ganzen Lenkstange schließlich kann man das nur 80 Kilo schwere Gerät – immerhin mit einer Geschwindigkeit von bis zu 90 Stundenkilometern – vorwärts oder rückwärts fliegen lassen. Weil jedoch ein Gehäuse fehlt, das den Piloten vor Wind und Regen schützt, tut man das am besten nur bei schönem Wetter.

DIE EXTREMSTEN GEGENSÄTZE DER MENSCHHEIT

WELCHER MENSCH IST BIS HEUTE AM HÖCHSTEN GEFLOGEN?

DIE MENSCHEN, DIE SICH BISLANG AM WEITESTEN VON DER ERDE ENTFERNT HABEN, WAREN RUND 40-MAL HÖHER ALS EIN VERKEHRSFLUGZEUG UNTERWEGS.

Es waren die Astronauten des Mondlandeunternehmens Apollo 13: Jack Wigert, Jim Lovell und Fred Haise. Am 11. April 1970 starteten sie in den USA, erreichten den Mond jedoch nie, weil nach 56 Stunden ein Sauerstofftank explodierte. Damit konnten drei Brennstoffzellen, die Strom und Wasser erzeugten, nur noch wenige Stunden betrieben werden. Und das bedeutete, dass die Weltraumfähre so schnell wie möglich zur Erde zurückkehren musste, anderenfalls hätten die drei Männer die Mission nicht überlebt. Aus technischen Gründen war jedoch eine direkte Umkehr nicht möglich. Deshalb mussten die Astronauten zuerst um den Mond herumfliegen, um mittels dessen Schwerkraft Schwung für den Rückflug zu holen. Bei dieser Umrundung erreichten sie am 15. April 1970 die bisherige Rekordhöhe von 400 171 Kilometern. Es war also eine ursprünglich nicht geplante Notmaßnahme, die die drei so weit von der Erde wegführte. Als sie diese zwei Tage später gesund und unversehrt wieder erreichten, dürfte ihnen ihr Rekord allerdings ziemlich egal gewesen sein.

Die Entfernung von der Erde zum Mond ist nicht immer gleich, sondern schwankt zwischen 356 000 und 406 000 Kilometern. Denn der Mond umrundet die Erde auf einer leicht eiförmigen Bahn, einer Ellipse, und ist somit mal mehr und mal weniger weit von ihr entfernt.

UND WELCHER IST BIS HEUTE AM TIEFSTEN GETAUCHT?

DER BISLANG TIEFSTE BEMANNTE TAUCHGANG ERFOLGTE AN DER TIEFSTEN MEERESSTELLE DER WELT UND FÜHRTE SO WEIT UNTER DAS WASSER, WIE EIN VERKEHRSFLUGZEUG DARÜBER HINWEGFLIEGT.

Diese Meeresstelle heißt Marianengraben (siehe Seite 110) und liegt im Pazifischen Ozean rund 2 000 Kilometer östlich der Philippinen. Dort wagten sich im Januar 1960 der Schweizer Jacques Picard und der Amerikaner Donald Walsh so weit hinunter, dass sie mit 10 916 Metern einen neuen Tiefen-Weltrekord aufstellten, der bis heute nicht überboten wurde. Dabei benutzten sie ein extrem druckfestes Tauchboot namens »Trieste«, das in der Rekordtiefe einen Wasserdruck von 40 Millionen Tonnen aushalten musste. 20 Minuten lang schwebten die beiden Taucher damit 10 916 Meter unter der Meeresoberfläche dahin, bevor sie dreieinhalb Stunden später wieder auftauchten.

Zwar gab es am Marianengraben seither mehrere extreme Tauchgänge, aber die wurden beinahe alle mit unbemannten Tauchbooten unternommen. Erst am 26. März 2012 gelang es dem Amerikaner James Cameron, in seinem U-Boot »Deepsea Challenger« mit 10 898 Metern Tauchtiefe den Rekord von Picard und Walsh fast, aber eben nur fast, zu brechen.

Bis heute waren rund 5 000 Menschen auf dem Mount Everest (siehe Seite 124) und zwölf sogar auf dem Mond. Aber nur drei – Picard, Walsh und Cameron – haben sich fast 11 Kilometer in die schwarze Tiefsee hinabgewagt.

DIE EXTREMSTEN GEGENSÄTZE DER MENSCHHEIT

WELCHER VORGANG IN UNSEREM KÖRPER IST DER SCHNELLSTE?

IN UNSEREM KÖRPER LAUFEN VORGÄNGE IN EINEM TEMPO AB, GEGEN DAS DER SCHNELLSTE FORMEL-1-RENNWAGEN EINE LAHME SCHNECKE IST.

Der rasanteste von allen ist das Husten: Dabei schießt die Luft mit einer Geschwindigkeit bis zu 900 Stundenkilometern aus dem Mund und reißt alles mit, was sich in der Luftröhre oder dem davorliegenden Kehlkopf verfangen hat. Überaus flott sind aber auch die elektrischen Impulse unterwegs, die entlang den Nerven durch unseren Körper rasen, um Sinnesreize zu übertragen und Muskeln zu betätigen. Sie bringen es auf rund 450 Kilometer pro Stunde.
Und dann ist da noch ein dritter Vorgang, der mit einem Affentempo vonstattengeht, wenn er auch nicht ganz mit einem Formel-1-Rennauto mithalten kann: das Niesen. Dabei fliegen Luft und Schleimtropfen immerhin noch mit Tempo 200 aus unserer Nase. Das passiert ganz automatisch – man sagt »reflexhaft« –, wenn die Nerven in der Nasenschleimhaut durch irgendetwas gereizt werden, was dort nicht hingehört. Das kann ein Fussel oder Staubkorn, aber auch der Schleim sein, der sich bei einem Schnupfen bildet. Dann atmen wir ganz tief ein, wobei sich unsere Lunge stark ausdehnt. Und wenn sie sich dann wieder heftig zusammenzieht, erfolgt eine geradezu explosionsartige Ausatmung, bei der Schleim und Fremdkörper bis zu 3 Meter weit ins Freie geschleudert werden.

UND WELCHER IST DER LANGSAMSTE?

ES GIBT ABER AUCH KÖRPERVORGÄNGE, DIE GEHEN SO LANGSAM VOR SICH, DASS MAN ERST NACH WOCHEN MERKT, DASS ÜBERHAUPT ETWAS PASSIERT IST.

Davon gibt es eine ganze Menge. Ziemlich behäbig, mit nur 3,6 Stundenkilometern, fließt beispielsweise das Blut durch unsere Adern. Dabei ist das, verglichen mit der Geschwindigkeit des Speisebreis in den Verdauungsorganen, sogar ausgesprochen schnell. Der schiebt sich nämlich noch 1 000-mal langsamer, mit kaum messbaren 0,003 Stundenkilometern, durch unseren Darm. Das ist natürlich sinnvoll: Wäre die Nahrung genauso schnell unterwegs wie das Blut, könnten die Darmzellen ihm nie und nimmer sämtliche verwertbaren Bestandteile entziehen. Außerdem müssten wir nach jedem Essen, ja, sogar schon bei den letzten Happen, eilig aufs Klo sprinten.
So langsam der Speisebrei auch ist, es gibt in unserem Körper noch etwas viel Langsameres: das Wachstum von Kopf- und Barthaaren. Gerade mal einen drittel bis zu einem halben Millimeter legen sie pro Tag zu.
Den absoluten Rekord im Langsamwachsen halten jedoch unsere Nägel: Für einen einzigen Millimeter brauchen die Fingernägel fast eine Woche und die Fußnägel sogar einen kompletten Monat.

Auch wenn jedes einzelne Haar sehr langsam wächst, wird unser Kopfbewuchs insgesamt doch jeden Tag ein ganzes Stück länger. So wachsen die Haare eines Menschen zusammengenommen bis zu 70 Meter am Tag.

DIE EXTREMSTEN GEGENSÄTZE DER MENSCHHEIT

WELCHE FRAU WAR BISLANG DIE GRÖSSTE?

IM NOVEMBER 2012 STARB DIE CHINESIN YAO DEFEN IM ALTER VON 40 JAHREN. MIT 2,36 METER WAR SIE RIESIG, DOCH ES GAB VOR IHR SCHON EINMAL EINE FRAU, DIE NOCH EIN GANZES STÜCK LÄNGER WAR.

Auch diese stammte aus China, hieß Zeng Jinlian, und maß, als sie starb, unglaubliche 2,48 Meter. Schon mit vier Monaten war sie deutlich größer als andere Babys ihres Alters, schoss dann aber erst richtig in die Höhe. Als sie vier Jahre alt wurde, maß sie schon 1,56 Meter, mit zwölf überschritt sie die Zwei-Meter-Marke und erreichte mit 13 sagenhafte 2,17 Meter. Danach wuchs Zeng Jinlian immer weiter und galt ab einem Alter von 16 als der größte lebende Mensch der Welt, Männer eingeschlossen. Doch ihre Organe waren ihrer gewaltigen Größe nicht gewachsen, und ihre Wirbelsäule verbog sich unter der Last ihres Körpergewichts immer mehr. Bald konnte die junge Frau nicht mehr aufrecht gehen, und am 13. Februar 1982, gerade mal ein Jahr nachdem sie den absoluten Größenrekord aufgestellt hatte, starb sie. Da in der Zeit vor ihr niemals eine größere Frau bekannt geworden war und bis heute niemand – Yao Defen eingeschlossen – die gewaltige Höhe von fast 2,50 Metern erreicht hat, gilt die Chinesin als größte Frau aller Zeiten.

Die schwerste Frau, die je gelebt hat, war übrigens eine Amerikanerin. Sie hieß Rosalie Bradford, lebte von 1943 bis 2006, und wog im Jahr 1987 sage und schreibe 544 Kilogramm. Das ist mehr als eine halbe Tonne oder so viel wie acht bis neun normalgewichtige Frauen zusammen.

UND WELCHER MANN WAR DER KLEINSTE?

DER KLEINSTE MANN DER WELT KÖNNTE SICH LOCKER HINTER EINEM SCHÄFERHUND VERSTECKEN – OHNE SICH BÜCKEN ZU MÜSSEN, WOHLGEMERKT.

Denn er misst nur 54,6 Zentimeter. Er heißt Chandra Bahadur Dangi, lebt in Nepal und ist schon über 70 Jahre alt. Einen kleineren Erwachsenen als ihn hat es, soviel man weiß, vorher noch nie gegeben.
Schon mit zwölf Jahren verlor Dangi seine Eltern bei einem Unfall. Und weil er im Vergleich zu seinen Altersgenossen geradezu winzig war, wurde er in der Folge von seinen Verwandten wie eine Zirkusattraktion zur Schau gestellt. Als er älter wurde, hätte er – das hat er einem Reporter erzählt – gern wie all die anderen Jungen geheiratet, doch er fand keine Frau, die sich für ihn interessierte. So blieb er allein, verdiente sein Geld mit der Herstellung von Jute-Kopfbändern und verließ sein Heimatdorf nur einmal, um sich in der nepalesischen Hauptstadt Katmandu für den Eintrag ins »Guinnessbuch der Rekorde« messen zu lassen.
Warum der nur 12 Kilo schwere Chandra Bahadur Dangi nicht gewachsen ist, wurde bis heute nicht geklärt. Vermutlich hätte man ihm als Kind, etwa mit Wachstumshormonen, zu einer ordentlichen Körpergröße verhelfen können, aber dazu ist es jetzt natürlich zu spät.

Der größte Mann der Welt war mit 2,72 Meter der Amerikaner Robert Wadlow. Schuld an seinem Riesenwuchs – mit zehn Jahren maß er bereits 2 Meter – war eine Hirngeschwulst, die massenhaft Wachstumshormon ausschüttete. Als er 1940 starb, war er erst 22 Jahre alt.

DIE EXTREMSTEN GEGENSÄTZE DER MENSCHHEIT

WER IST DER KLÜGSTE WISSENSCHAFTLER DER WELT?

DEM MANN, DER HEUTE ALS EINER DER KLÜGSTEN WISSENSCHAFTLER DER WELT GILT, SAGTEN DIE ÄRZTE IM ALTER VON 21 JAHREN DEN BALDIGEN TOD VORAUS.

Natürlich lässt sich nicht einwandfrei festlegen, welcher Wissenschaftler der Allerklügste ist, denn Klugheit ist ja nicht objektiv messbar. Aber der Brite Steven Hawking ist auf jeden Fall ein heißer Titelkandidat. Schon als junger Mann litt er unter einer tückischen Muskellähmung namens ALS, die langsam, aber unaufhaltsam fortschreitet und durch Lähmung der Atemmuskeln fast immer tödlich endet. Doch Hawking wollte nicht sterben, vielmehr nahm er sich fest vor, die Geheimnisse des Weltalls zu ergründen und sie seinen Mitmenschen zu erklären. Und das tat er dann auch. Mittlerweile ist er über 70 Jahre alt, sitzt im Rollstuhl und kann sich kaum noch bewegen, aber wissenschaftlich ist er noch immer sehr aktiv. Nach wie vor forscht er intensiv und verfasst bedeutende Arbeiten über die Physik des Alls. Und das, obwohl er schon lange nicht mehr sprechen und sich nur noch mithilfe seines Computers äußern kann. Wenn es um den klügsten Menschen der Welt geht, darf aber auch der Name Daniel Tammet nicht fehlen. Das Gehirn dieses Mannes – auch er ein Brite – funktioniert so schnell und präzise und sein Gedächtnis ist so grandios, dass er die schwierigsten Rechenaufgaben spielend im Kopf löst und das Ergebnis bis zu hundert Stellen nach dem Komma fehlerfrei angibt. Er kann sich mühelos 20 000 Ziffern merken und ist zudem ein unglaubliches Sprachengenie.

UND WER WAREN DIE DÜMMSTEN BANKRÄUBER?

ES WAREN EINMAL DREI MÄNNER, DIE WOLLTEN EINE BANK AUSRAUBEN. ABER DAS KLAPPTE NICHT, WEIL SICH DIE BANKANGESTELLTEN FAST KAPUTTLACHTEN.

Das geschah bereits 1975 in Schottland, aber noch immer gelten die drei Gangster als die blödesten aller Zeiten. Denn bei ihrem ersten Raubversuch blieben sie in der Drehtür der Bank stecken und mussten von den schadenfroh grinsenden Angestellten befreit werden. Daraufhin unternahmen sie ein paar Tage später einen zweiten Anlauf, bei dem sie bis zur Kasse vordrangen und vom Kassierer 5 000 Pfund verlangten. Doch der erkannte sie sofort wieder und musste so laut lachen, dass seine Kolleginnen und Kollegen einstimmten. Das brachte die Räuber völlig durcheinander, sie senkten ihre Forderung zuerst auf 500 und dann sogar auf lächerliche 50 Pfund. Damit heizten sie die allgemeine Heiterkeit aber nur noch mehr an. Schließlich sprang einer der drei in seiner Wut über den Tresen, um sich das Geld selbst zu holen. Doch dabei rutschte er aus und krachte auf den Hintern. Als die Bankangestellten sich nun vor lauter Lachen gar nicht mehr einkriegten, flüchteten die Räuber, stürmten dabei aber in der falschen Richtung durch die Drehtür und blieben ein zweites Mal stecken. Diesmal befreite sie die Polizei.

> Ganz schön dämlich stellte sich auch ein Räuber in Frankfurt an, der sich beim eiligen Verlassen der Bank selbst in die Hand schoss. Er bekam deshalb das Schloss seines Fahrrads nicht mehr auf und wurde mitsamt seiner Beute geschnappt.

DIE EXTREMSTEN GEGENSÄTZE DER MENSCHHEIT

WELCHES ORGAN DES MENSCHEN IST AM SCHWERSTEN?

DAS SCHWERSTE ORGAN DES MENSCHEN WIEGT MEHR ALS ALL SEINE KNOCHEN ZUSAMMENGENOMMEN.

Wenn man den Begriff »Organ« hört, denkt man an Gebilde im Inneren des Körpers wie Lunge, Leber, Niere oder Herz. Doch all diese sind bei weitem nicht so schwer wie dasjenige, das den Körper von außen umhüllt: die Haut. Ein Organ ist nämlich eine »abgegrenzte Funktionseinheit des Körpers, die aus unterschiedlichen Zellen und Geweben besteht«. Einfacher ausgedrückt: Ein Organ ist ein zusammenhängender Körperteil aus unterschiedlichen Zellverbänden (Geweben), der im Gesamtorganismus bestimmte Aufgaben erfüllt. Und das tut die Haut: Schließlich dient sie nicht nur als schützende Hülle, sondern ist auch am Tast- und Schmerzempfinden sowie an der Wärmeregulation beteiligt. Außerdem gibt sie über den Schweiß schädliche Säuren und Giftstoffe ab.

Was ihr Gewicht angeht, so kann man grob sagen, dass sie etwa 15 Prozent der Körpermasse ausmacht. Bei einem 70 Kilo schweren Mann sind das gut 10 Kilo. Dagegen bringen es alle Knochen zusammengenommen nur auf 12 Prozent. Außerdem sind die Knochen im Gegensatz zur Haut kein zusammenhängendes Organ – ebenso wenig wie das Blut, das rund 8 Prozent des Gewichts eines Menschen ausmacht.

Nach der Haut ist das zweitschwerste zusammenhängende Organ des Menschen die Leber. Bei einem 70 Kilo schweren Mann wiegt sie etwa 1,7 Kilo. Auf den weiteren Plätzen folgen das Gehirn mit 1,3, die Lunge mit 1,0 sowie das Herz mit 0,3 Kilo.

96

UND WELCHER KNOCHEN IST AM LEICHTESTEN?

WÜRDE MAN 300 DER LEICHTESTEN MENSCHLICHEN KNOCHEN AUF EINE WAAGE LEGEN, SO WÜRDE DIESE NOCH NICHT MAL EIN GRAMM ANZEIGEN.

Denn der absolute Winzling unter unseren Knochen wiegt lediglich 3 Milligramm, also 3 tausendstel Gramm. Es ist der Steigbügel im Mittelohr, eines der drei Gehörknöchelchen. Die Gehörknöchelchen übertragen die Schallwellen, die das Trommelfell zum Schwingen bringen, auf das eigentliche Hörorgan im Innenohr und verstärken sie dabei um das Zwanzig- bis Dreißigfache. So ermöglichen sie uns, auch sehr leise Geräusche wahrzunehmen und Geflüstertes zu verstehen. Ihre Namen – Amboss, Hammer und Steigbügel – verdanken die Gehörknöchelchen (man sagt tatsächlich »Knöchelchen« und nicht »Knochen«) ihrer Form, wobei vor allem der Steigbügel seinem großen Vorbild erstaunlich ähnlich sieht. Der Steigbügel ist nicht nur unser leichtester, sondern auch unser kleinster Knochen. Mit durchschnittlich 3 Millimetern ist er gerade mal so groß wie ein Reiskorn. Verglichen mit unserem längsten, dem im Mittel 50 Zentimeter langen Oberschenkelknochen, ist der Steigbügel also rund 170-mal kleiner.

Ein neugeborenes Baby besitzt etwa 350 Knochen. Da etliche davon beim Älterwerden zu größeren Gebilden zusammenwachsen, werden es mit der Zeit immer weniger, bis am Ende nur noch rund 200 übrig bleiben.

DIE EXTREMSTEN GEGENSÄTZE DER MENSCHHEIT

WO IN DEUTSCHLAND LEBEN DIE MENSCHEN AM LÄNGSTEN?

MAN SOLLTE MEINEN, DIE DURCHSCHNITTLICHE LEBENSERWARTUNG SEI ÜBERALL IN DEUTSCHLAND DIESELBE, DOCH DAS STIMMT NICHT. IN EINIGEN GEGENDEN WERDEN DIE MÄNNER IM MITTEL FAST NEUN JAHRE ÄLTER ALS IN ANDEREN.

Spitzenreiter in puncto Langlebigkeit ist der Landkreis Starnberg in Oberbayern. Hier werden die Männer im Durchschnitt 81 und die Frauen sogar 83,4 Jahre alt. Verglichen mit dem Schlusslicht, der Gegend um Pirmasens am Rand des Pfälzer Waldes, sind das neun beziehungsweise fünfeinhalb Jahre mehr. Denn in Pirmasens beträgt die mittlere Lebenserwartung für Männer nur 72 und für Frauen 78 Jahre. Andere Regionen in Deutschland, in denen die Menschen auffallend alt werden, sind Heidelberg, Freiburg und Stuttgart mit ihrer jeweiligen Umgebung. Was sind die Gründe dafür, dass es innerhalb Deutschlands Gebiete gibt, in denen die Menschen deutlich älter werden als in anderen? Darüber kann man nur spekulieren. Fest steht nur, dass es Faktoren gibt, die die Lebenserwartung eindeutig erhöhen. Dazu gehören unter anderem das Einkommen, der Bildungsstand und die berufliche Position der Bürger. Denn gebildete Personen ernähren sich nachweislich gesünder und rauchen weniger als andere. Und weil sie in der Regel auch mehr verdienen, können sie sich eine teurere medizinische Versorgung leisten.

In Deutschland steigt die durchschnittliche Lebenserwartung seit Jahren an. Jungen, die heute geboren werden, werden im Schnitt knapp 78 und Mädchen sogar fast 83 Jahre alt.

UND WO IN DER WELT STERBEN SIE AM FRÜHESTEN?

IM VERGLEICH ZUR LEBENSERWARTUNG IN DEUTSCHLAND WERDEN DIE MENSCHEN IN VIELEN AFRIKANISCHEN LÄNDERN NICHT EINMAL HALB SO ALT.

Nirgendwo sonst auf der Welt sterben die Menschen so jung wie im südafrikanischen Swasiland. Männer erreichen dort durchschnittlich 32,1 und Frauen 33,2 Jahre – ein Alter, in dem bei uns viele Männer erst Väter und Frauen Mütter werden. Fast genauso niedrig ist die Lebenserwartung in Botswana, Lesotho und Angola; dort erreichen im Mittel weder Männer noch Frauen das 40. Lebensjahr.

Allerdings gilt das wirklich nur »im Mittel«. Denn die allgemeine Armut, die schlechten hygienischen Verhältnisse, die miserable medizinische Versorgung und die weitverbreitete Unterernährung machen vor allem Babys so schwer zu schaffen, dass viele von ihnen schon sehr früh sterben und mit einem »Alter« von einem Jahr in die Statistik eingehen. Für jedes derart früh gestorbene Kind muss dann aber mindestens ein Erwachsener 63 Jahre alt werden, um auf einen Landesdurchschnitt von 32 zu kommen. Der erste nicht afrikanische Staat auf der Liste der niedrigsten Lebenserwartung ist auf Platz 36 Haiti. Und das erste europäische Land findet man in der Tabelle gar erst auf Rang 58. Es ist Russland, in dem es wie in Afrika riesige, abgelegene Gebiete mit schlimmer Armut und kaum vorhandener medizinischer Versorgung gibt.

> Das Land auf der Erde mit der höchsten durchschnittlichen Lebenserwartung ist Andorra. Männer werden dort im Mittel 80,6 und Frauen sogar 86,6 Jahre alt.

Eiskalte Wüsten und warme Meere –

DIE EXTREMSTEN GEGENSÄTZE DER NATUR

DIE EXTREMSTEN GEGENSÄTZE DER NATUR

WELCHE PFLANZE IST IN DEUTSCHLAND AM HÄUFIGSTEN?

AUF DER IN DEUTSCHLAND HÄUFIGSTEN PFLANZE KANN MAN RUHIG RUMTRAMPELN, DAS MACHT IHR GAR NICHTS AUS.

Gemeint ist der Weißklee. Da er außerordentlich unempfindlich ist, kommt er in Deutschland praktisch überall vor, ganz besonders auf Wiesen und anderen Grünflächen, wo ihn Kühe, Schafe und Pferde mit Begeisterung abweiden. Er wird bis zu 20 Zentimeter hoch und hat typische Kleeblätter mit hellgrüner Verzierung, die fast alle dreiteilig sind. Doch hin und wieder findet sich darunter auch ein vierblättriges, das ja angeblich Glück bringt. Wie oft vierblättrige Kleeblätter vorkommen, hängt stark vom jeweiligen Standort ab. Auffällig sind aber vor allem die weißen, aus vielen Fäden bestehenden Blüten des Weißklees. Die können sich weit öffnen und geben dann ihre bräunliche Mitte frei. Und weil sie reichlich Nektar produzieren, sind sie bei Bienen überaus beliebt. Neben dem Weißklee sind bei uns noch zwei Gräser, ein Rispen- und ein Knäuelgras, extrem häufig, deren Namen kennen aber höchstens Fachleute. Auf den weiteren Plätzen folgen zwei Hahnenfußarten, die allseits bekannte und gefürchtete Brennnessel und nicht zuletzt der Löwenzahn, für den es umgangssprachlich eine ganze Menge Namen gibt: Kuh-, Butter-, Pusteblume und noch viele andere mehr.

Vierblättrige Kleeblätter kommen durch eine spontane Veränderung im Erbgut der Pflanze zustande. Was ein solches Ereignis im Einzelnen auslöst, ist weitgehend unbekannt. Die größte Chance, die Glücksbringer zu finden, hat man auf stark gedüngten Böden.

UND WELCHES TIER IST AM SELTENSTEN?

DAS TIER, UM DAS ES HIER GEHT, WAR IN DEUTSCHLAND SCHON VÖLLIG AUSGESTORBEN. UND ALS MAN EINIGE EXEMPLARE NEU AUSSETZTE, DAUERTE ES NICHT LANGE, DA WAREN AUCH VON DENEN DIE MEISTEN TOT.

Woher man das weiß? Man hat die ausgesetzten Tiere mit Sendern versehen, die ständig ihren Aufenthaltsort verrieten. Und als sich der über ein paar Tage nicht änderte, konnte das nur bedeuten, dass der Träger des Senders nicht mehr lebte. Aber von welchem Tier reden wir überhaupt? Das seltenste Tier in Deutschland ist der Ziesel, eine Art Erdhörnchen. Es wird etwa 20 Zentimeter lang, dazu kommt noch ein buschiger Schwanz von etwa 7 Zentimeter Länge. Das Fell der Tiere, die mit 200 bis 400 Gramm etwa so viel wie eine Ratte wiegen, ist auf der Oberseite unscheinbar grau und unten gelblich gefärbt. Aber im Gegensatz zu Ratten sehen Ziesel ausgesprochen putzig aus. Das liegt wohl an ihren großen schwarzen Augen und vor allem daran, dass sie, wie die Murmeltiere, beim Erkunden der Umgebung ein niedliches »Männchen« machen. Weil die für die Nager idealen Lebensräume, vor allem steppenartige Wiesenlandschaften, bei uns wieder häufiger werden, scheinen in den letzten Jahren einige Tiere überlebt und sogar wieder für Nachwuchs gesorgt zu haben. Hoffen wir, dass das so weitergeht.

> Und was ist das seltenste Tier der Welt? Das lässt sich nicht mit Bestimmtheit sagen, aber große Chancen auf diesen zweifelhaften Titel haben der Sumatra-Orang-Utan, die Hunters-Leierantilope und das Kubakrokodil. Gemeinsam ist ihnen, dass sie jeweils nur noch in einem ganz eng begrenzten Gebiet vorkommen.

DIE EXTREMSTEN GEGENSÄTZE DER NATUR

WELCHE IST DIE NIEDRIGSTE TEMPERATUR ÜBERHAUPT?

EISIGE KÄLTE LÄSST SICH NICHT BELIEBIG STEIGERN. VIELMEHR GIBT ES EINE TEMPERATUR, DIE MAN AUCH MIT TECHNISCHEM AUFWAND NICHT UNTERSCHREITEN KANN.

Sie liegt bei minus 273,15 Grad Celsius und heißt »absoluter Nullpunkt«. Um zu verstehen, warum es nicht noch kälter geht, muss man wissen, dass die Temperatur unmittelbar mit der Bewegung der kleinsten Teilchen eines Stoffes, der sogenannten Moleküle, zusammenhängt. Nehmen wir als Beispiel Wasser: Je wärmer es ist, desto schneller wuseln darin die Moleküle durcheinander, und bei 100 Grad Celsius sind sie so flott unterwegs, dass etliche von ihnen aus dem Wasser heraus- und in die umgebende Luft fliegen. Dann wird aus der Flüssigkeit Dampf, das Wasser kocht. Das geht so lange, bis keine Flüssigkeit mehr da ist. Umgekehrt wird aus Dampf wieder Wasser, wenn man ihn abkühlt. Und wenn die Temperatur unter 0 Grad fällt, gefriert das Wasser zu Eis. Darin bewegen sich die Moleküle aber immer noch recht munter – nicht mehr so schnell wie im Wasser und viel langsamer als im Dampf, aber immerhin. Kühlt man das Eis nun weiter ab, werden sie immer langsamer, und bei minus 273,15 Grad Celsius stehen sie schließlich vollkommen still. Dann geht es, egal, was man auch anstellt, nicht mehr kälter. Der absolute Nullpunkt ist erreicht.

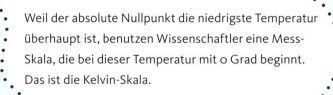

Weil der absolute Nullpunkt die niedrigste Temperatur überhaupt ist, benutzen Wissenschaftler eine Mess-Skala, die bei dieser Temperatur mit 0 Grad beginnt. Das ist die Kelvin-Skala.

UND WELCHE IST DIE HÖCHSTE GESCHWINDIGKEIT?

GEGEN DIE HÖCHSTE GESCHWINDIGKEIT, DIE ES GIBT, IST SELBST DAS TEMPO EINES RAUMSCHIFFS ZIEMLICH LAHM.

Und alles, was sonst fährt oder fliegt, natürlich sowieso. Ein Porsche schafft etwa 300, der schnellste Eisenbahnzug 550 und ein Verkehrsflugzeug 900 Stundenkilometer; der Schall ist mit Tempo 1 200, ein Überschalldüsenjäger mit 2 500 unterwegs, und das schnellste bemannte Raumschiff, das es je gab, ist sogar mit 40 000 Stundenkilometern durchs All gerast. Das ist zwar irrsinnig schnell, aber immer noch geradezu lächerlich gegenüber dem Tempo des Lichts. Das beträgt nämlich sagenhafte 300 000 Kilometer pro Sekunde (!) oder rund 1,1 Milliarden Kilometer pro Stunde.

Es gibt also nichts Schnelleres als das Licht. Verglichen mit einem Raumschiff ist es 27 500-mal schneller. Würde das Raumschiff von der Erde zur Sonne fliegen (was wegen der extremen Hitze natürlich unmöglich ist), so würde es für seine Reise rund 3 800 Stunden oder 156 Tage brauchen. Das Licht schafft diese Strecke in gerade mal 8 Minuten.

Der Weg, für den das Licht ein ganzes Jahr braucht, heißt »Lichtjahr«. Das ist also keine Zeit, sondern eine Streckenangabe. Doch obwohl die unvorstellbar lang ist, gibt es Sterne, die Millionen von Lichtjahren von der Erde entfernt sind.

DIE EXTREMSTEN GEGENSÄTZE DER NATUR

WELCHE JAHRESZEIT DAUERT AM LÄNGSTEN?

DIE LÄNGSTE JAHRESZEIT DAUERT FÜNF TAGE LÄNGER ALS DIE KÜRZESTE.

Erfreulicherweise ist diese längste Jahreszeit der Sommer. Das gilt jedenfalls für die nördliche Erdhalbkugel, auf der Europa liegt. Aber warum gibt es überhaupt Jahreszeiten? Sie entstehen dadurch, dass die Erdachse leicht geneigt ist. Beim Weg der Erde um die Sonne ist deshalb ein halbes Jahr lang die eine und während der übrigen Zeit die andere Halbkugel zur Sonne hin geneigt. Deshalb können sich auch die Menschen auf der Südhalbkugel über warme Temperaturen freuen, wenn bei uns Winter ist. Die einfallenden Strahlen treffen im Sommer steiler auf die Erde und erwärmen diese dadurch stärker. Weil die Erde die Sonne aber nicht auf einem perfekten Kreis, sondern auf einer leicht ovalen Ellipse umrundet, ist sie unterschiedlich schnell unterwegs. Das größte Tempo hat sie, wenn sie der Sonne am nächsten ist und durch deren Anziehungskraft am stärksten beschleunigt wird – das ist bei uns im Winter. Umgekehrt ist sie während unseres Sommers am weitesten von der Sonne entfernt und läuft daher ein wenig langsamer an ihr vorbei. Und so kommt es, dass bei uns der Sommer knapp 94 Tage dauert, während der Frühling rund 93, der Herbst etwa 90 und der Winter gar nur 89 Tage lang währt.

 Wenn die Sonne senkrecht über dem Äquator steht, sind Tag und Nacht exakt gleich lang. Das ist – von Jahr zu Jahr verschieden – einmal am 20. oder 21. März beim Frühlingsbeginn und dann noch einmal am 22. oder 23. September beim Herbstanfang der Fall.

UND WARUM IST DER FEBRUAR DER KÜRZESTE MONAT?

DASS DER FEBRUAR DER KÜRZESTE MONAT DES JAHRES IST, WISSEN WIR ALLE. ABER DER GRUND DAFÜR IST MEHR ODER WENIGER ZUFÄLLIG.

Wenn man die Anzahl der Tage eines Jahres – 365 – durch zwölf teilt, kommt 30,4 heraus, was bedeutet, dass ein Monat eigentlich 30 und einen knappen halben Tag lang sein müsste. Das geht natürlich nicht, und so hat man schon früh zwischen 30- und 31-tägigen Monaten abgewechselt, mit Ausnahme der aufeinanderfolgenden 31-Tage-Monate Juli und August. Es war Julius Cäsar, der das so eingeführt hat. Nach seiner Kalenderreform aus dem Jahr 47 v. Chr. hatten Januar, März, Mai, Juli, August, Oktober sowie Dezember jeweils 31 und April, Juni, September sowie November jeweils 30 Tage. Somit waren 337 der insgesamt 365 Tage eines Jahres einem bestimmten Monat zugeordnet, und 28 blieben übrig. Nun fing das römische Jahr aber nicht wie bei uns heute mit dem Januar, sondern mit dem März an, sodass der Februar der letzte Monat war. Und der bekam dann eben die restlichen 28 Tage ab. Weil Cäsar aber wusste, dass das mit den 365 Tagen nicht ganz genau stimmt, sondern das Jahr in Wirklichkeit einen viertel Tag länger ist, ordnete er an, alle vier Jahre einen zusätzlichen Tag einzuschieben, und den schlug man eben dem zu kurz gekommenen Februar zu. Deshalb hat der in jedem Schaltjahr 29 Tage.

DIE EXTREMSTEN GEGENSÄTZE DER NATUR

WELCHE LUFT IST AM DRECKIGSTEN?

IN DEM LAND, IN DEM DIE STADT MIT DER DRECKIGSTEN LUFT LIEGT, STERBEN JEDES JAHR RUND 80 000 MENSCHEN AN DEN FOLGEN DER UMWELTVERSCHMUTZUNG.

Das Land ist der Iran, und die Stadt, in der die Luft nach Messungen der Weltgesundheitsbehörde am meisten Schmutz enthält, heißt Ahwaz. Schuld daran sind die nahen Ölfelder, von denen der Wind jede Menge Rußteilchen heranweht. Aber was heißt schon »jede Menge«?
Um sich das Ausmaß der Luftverschmutzung einigermaßen vorstellen zu können, muss man wissen, dass man als Maß die Menge des in der Luft enthaltenen Feinstaubs verwendet. Der besteht aus mikroskopisch kleinen Teilchen mit einem Durchmesser von unter einem Hundertstelmillimeter. Die Höchstgrenze, ab der es für die menschliche Gesundheit kritisch wird, liegt bei einem Wert von etwa 20 Mikrogramm pro Kubikmeter Luft. In Ahwaz bewegt er sich aber um 380 Mikrogramm pro Kubikmeter – das 19-Fache! – herum. Damit ist die Belastung der Luft dort noch schlimmer als in Ulan-Bator in der Mongolei, wo die Menschen Luft mit einem Verschmutzungswert von 280 einatmen müssen.
Kein Wunder daher, dass jeder fünfte Iraner an den Folgen der vielen Schadstoffe, die er Tag für Tag einatmet, so schwer erkrankt, dass er stirbt.

Die Stadt mit der weltweit saubersten Luft ist Whitehorse in der kanadischen Provinz Yukon. Dort liegt der Wert der Feinstaubbelastung das ganze Jahr über bei etwa 2 Mikrogramm pro Kubikmeter.

UND WELCHES WASSER IST AM SAUBERSTEN?

ES GIBT EIN WASSER, DAS SO SAUBER IST, DASS EISWÜRFEL AUS DEM GEFRIERSCHRANK ES VERSCHMUTZEN WÜRDEN.

Es heißt »Cape Grim« und ist im Grunde nichts weiter als extrem reines Regenwasser. Es kommt aus Tasmanien, einer Insel 250 Kilometer südlich von Australien, wo es aufgefangen, in Flaschen gefüllt und verschickt wird. Denn Feinschmecker überall auf der Welt schwören auf dieses superreine Wasser und nennen es, weil es angeblich besonders edel und unaufdringlich schmeckt, »Freudentränen der Engel«. Und weil es so selten und kostbar ist, kann man es auch nicht einfach irgendwo, sondern allenfalls in noblen Feinkostläden kaufen, wo es ein kleines Vermögen kostet.
Aber warum ist ausgerechnet Cape Grim so ungewöhnlich sauber?
Das liegt an der Nähe Tasmaniens zum Südpol. Der Wind, der fast ununterbrochen von dorther weht, enthält nur extrem wenig Staub. Zum Vergleich: In einer normalen, nicht besonders schmutzigen Stadt enthält ein Kubikmeter Luft bis zu 15 Mikrogramm Feinstaub. Auf Tasmanien sind es dagegen im Höchstfall 3 Mikrogramm, oft sogar noch weniger.
Wer das erlesene Wasser einmal selbst kosten möchte, kann das auf einem Flug mit der australischen Linie Quantas tun. Allerdings muss er dafür erste Klasse buchen.

In besonders vornehmen Hotels, etwa dem Berliner »Adlon«, gibt es neben einer Wein- auch eine Wasserkarte. Die Gäste können dort aus über 40 verschiedenen Mineralwässern wählen, wobei ein halber Liter des teuersten mehr als 60 Euro kostet.

DIE EXTREMSTEN GEGENSÄTZE DER NATUR

WELCHE MEERESSTELLE IST AM TIEFSTEN?

WÜRDE MAN DEN MOUNT EVEREST AN DER TIEFSTEN STELLE DES OZEANS VERSENKEN, MÜSSTE MAN VON DER WASSEROBERFLÄCHE NOCH IMMER ÜBER ZWEI KILOMETER HINABTAUCHEN, UM SEINEN GIPFEL ZU ERREICHEN.

Denn der Mount Everest (siehe Seite 124) ist 8 848 Meter hoch, das Meer an seiner tiefsten Stelle aber 11 034 Meter tief. Diese Stelle heißt Marianengraben und liegt im Westen des Pazifischen Ozeans nahe der gleichnamigen Inselgruppe der Marianen. Insgesamt ist der Graben rund 2 400 Kilometer lang und erreicht nur an vier Stellen – dem Witjastief, dem Challengertief, dem Triestetief und dem HMRG-Tief – den extremen Wert von rund 11 Kilometern. Lange Zeit galt von diesen vier Abschnitten das Witjastief als absoluter Rekordhalter, aber neuere Messungen scheinen zu bestätigen, dass diese Ehre dem Challengertief gebührt.
Mehrfach haben Menschen versucht, mit extrem druckstabilen Spezialgefährten bis zum Grund des Marianengrabens hinabzutauchen, aber nur dreien von ihnen – im Jahr 1960 dem Schweizer Jacques Picard und dem Amerikaner Donald Walsh sowie 2012 dem Amerikaner James Cameron (siehe Seite 89) – ist das tatsächlich gelungen.

Auch die nach dem Marianengraben nächstflacheren Meeresstellen – das Wasser ist dort überall mehr als 10 000 Meter tief – liegen allesamt im Pazifik. Erst auf Rang acht folgt mit dem nördlich von Puerto Rico gelegenen Milwaukeetief (9 219 Meter) die tiefste Stelle im Atlantik.

UND WELCHE WELLE IST AM HÖCHSTEN?

DIE RIESIGSTE JEMALS EXAKT GEMESSENE MEERESWELLE WAR SO HOCH WIE EIN NEUNGESCHOSSIGES HOCHHAUS.

Ganz genau hatte sie eine Höhe von 29,1 Metern, und das Schiff, von dem aus sie im Februar 2000 westlich der schottischen Küste beobachtet wurde, war ein eigens zu diesem Zweck konstruiertes Forschungsschiff. Obwohl damals ein Sturm der Stärke neun herrschte, waren die Wissenschaftler über die gigantische Welle mehr als erstaunt, hatten doch Computermodelle wesentlich niedrigere Werte vorausgesagt. Aber die Messung war eindeutig. Dabei ist es sogar denkbar, dass es früher und auch später noch höhere »Monsterwellen« gegeben hat. Die treten nämlich nur kurzzeitig und in einem eng begrenzten Gebiet auf, und wenn sich dort nicht gerade ein Mess-Schiff oder eine Messboje befindet, gibt es keine verlässlichen Aufzeichnungen. Jedenfalls wurden schon etliche Schiffe von Riesenwellen schwer beschädigt oder gar versenkt. So zerstörte etwa im Februar 2001 im Südatlantik eine gigantische Welle die Brücke des Kreuzfahrtschiffs »Bremen« und brachte den riesigen Dampfer fast zum Kentern. Der gigantische Wasserberg soll 35 Meter hoch gewesen sein, aber das war eben nur eine Schätzung und keine exakte Messung.

Monsterwelle und Tsunami sind keinesfalls ein und dasselbe. Ein Tsunami entsteht durch ein Beben des Meeresbodens und ist daher zwar oft mehrere Hundert Kilometer lang, aber nur etwa einen Meter hoch. Erst wenn er das Land erreicht, türmt er sich dort zu einer riesigen Wasserwand auf. Monsterwellen dagegen fallen an der Küste sofort in sich zusammen.

111

DIE EXTREMSTEN GEGENSÄTZE DER NATUR

WELCHE QUELLE IST AM WÄRMSTEN?

AUS DEN HEISSESTEN THERMALQUELLEN DER WELT SPRUDELT DAS WASSER MIT ÜBER 100 GRAD CELSIUS AN DIE OBERFLÄCHE. DOCH DAS IST GAR NICHTS GEGEN EINE QUELLE, AUS DER ES MIT ÜBER 400 GRAD HERAUSSTRÖMT.

Genau genommen beträgt die Temperatur des Wassers sogar 464 Grad, und dabei ist es so flüssig, als käme es direkt aus der Leitung. Wie das? Müsste das Wasser bei dieser gewaltigen Hitze nicht längst verdampft sein? Ja, das müsste es, wenn die Quelle an der Erdoberfläche wäre. Dort siedet Wasser bei 100 Grad Celsius, bei höheren Temperaturen kommt es nur noch in Form von Dampf vor. Die Quelle, um die es hier geht, befindet sich aber mitten im Atlantischen Ozean, und zwar an dessen Grund in rund 3 000 Meter Tiefe. Der Druck, der hier auf dem ausströmenden Wasser lastet, ist fast 300-mal so hoch wie an der Erdoberfläche, und bei diesem Druck verdampft es erst bei wesentlich höheren Temperaturen. Das liegt daran, dass Dampf aus unzähligen Wasserteilchen besteht, die sich bei Erwärmung immer schneller bewegen, bis sie aus dem Wasser herausfliegen und in die Umgebung entweichen. Das passiert umso früher, je weniger der auf der Flüssigkeit lastende Druck sie daran hindert. Deshalb siedet Wasser auf hohen Bergen, wo der Luftdruck geringer ist als in Meereshöhe, schon unter 100 und in der Tiefsee noch nicht einmal bei 464 Grad Celsius.

Die heißeste europäische Quelle befindet sich in Aachen, wo das Wasser mit 74 Grad Celsius aus dem Boden strömt. Zwar gibt es auch in Europa noch heißere Quellen, aber dort sprudelt das Wasser aus künstlich angelegten, tiefen Bohrlöchern.

UND WELCHES EIS IST AM KÄLTESTEN?

DAS KÄLTESTE EIS DER ERDE IST SO DICK, DASS MAN DARIN DAS HÖCHSTE GEBÄUDE DER WELT (SIEHE SEITE 82), SECHSMAL AUFEINANDERGETÜRMT, VERSTECKEN KÖNNTE.

Die kälteste mögliche Temperatur beträgt minus 273 Grad Celsius (siehe Seite 104), und mit enormem technischem Aufwand lässt sich Eis bis nahe an diesen Wert abkühlen. Weit oben in der Atmosphäre – so um die 80 Kilometer über der Erdoberfläche – gibt es außerdem Eiswolken, in deren Innerem es etwa minus 120 Grad kalt ist. Aber wo auf der Erde befindet sich das kälteste natürlich vorkommende Eis? Das gibt es in der Antarktis, also im Gebiet um den Südpol herum (siehe Seite 117). Dort ist eine Fläche von fast 14 000 Quadratkilometern mit einem mächtigen Eispanzer bedeckt, der an einigen Stellen bis zu 5 Kilo-meter dick ist.
So eine riesige Eismenge ist schwer vorstellbar, immerhin sind darin rund 70 Prozent des gesamten Süßwassers der Erde gebunden. Würde dieses Eis komplett schmelzen, würde der Meeresspiegel weltweit um über 60 Meter ansteigen und damit viele küstennahen Städte überspülen. Aber zum Glück ist das in absehbarer Zeit nicht zu befürchten.
Genau gemessen hat die Temperatur des Antarktis-Eises tief unter der Oberfläche verständlicherweise noch niemand, aber wissenschaftliche Berechnungen deuten darauf hin, dass in seiner kältesten Schicht etwa minus 90 Grad Celsius herrschen.

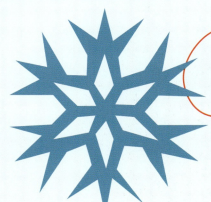

Weil Eis leichter als kaltes Wasser ist, schwimmt es oben. Deshalb haben die Fische darunter bei entsprechender Wassertiefe auch im Winter genügend Platz.

DIE EXTREMSTEN GEGENSÄTZE DER NATUR

WELCHER BAUM IST AM HÖCHSTEN?

DER HÖCHSTE BAUM DER WELT IST ZEHNMAL SO HOCH WIE EIN VIERSTÖCKIGES HAUS.

Und so ein Haus misst immerhin rund 12 Meter. Doch erst, wenn man zehn davon aufeinanderstellen würde, könnten die Bewohner des obersten Stockwerks den Wipfel von »Hyperion« auf Augenhöhe betrachten. Mit 116 Metern hält dieser Baumriese nämlich den Höhenweltrekord. Es handelt sich um einen Küstenmammutbaum im »Redwood National Park« im US-Staat Kalifornien. Erstaunlicherweise wurde der Gigant dort erst im August 2006 entdeckt. Und weil Mammutbäume sehr flach verlaufende Wurzeln haben, die sich knapp unter der Oberfläche ausbreiten und denen das Zusammenpressen – fachmännisch spricht man von Verdichtung – des umgebenden Bodens schaden könnte, will man unbedingt vermeiden, dass zu viele Menschen sich den Giganten ansehen. Deshalb wurde der genaue Standort bis heute nicht bekannt gegeben.

Hyperion ist zwar der momentan höchste Baum der Erde, aber nicht der höchste, den es jemals gab. Das war ein australischer Rieseneukalyptus, der schon 1872 vermessen wurde. Unglaubliche 133 Meter maß er vom Boden bis zum Wipfel und war damit so hoch wie die Peterskirche in Rom. Das lässt sich heute allerdings nicht mehr nachmessen, weil der Koloss längst gefällt wurde. Hyperion steht dagegen noch immer, und das wird wohl auch noch lange so bleiben.

UND WELCHER BUSCH IST AM NIEDRIGSTEN?

ES GIBT EINEN BUSCH MIT UNTERIRDISCHEM STAMM, VON DEM NUR DIE ZWEIGE MIT BLÄTTERN AUS DEM BODEN RAGEN.

Das ist die Krautweide. Weil sie unter der Erde – wenn auch extrem langsam – fast nur in die Breite wächst, wird sie bestenfalls 10 Zentimeter hoch. Sie gehört zwar zu den Weiden, ähnelt ihren großen Verwandten, etwa der bis zu 30 Meter hohen Silberweide, aber nicht die Spur. Vielmehr sieht man von ihr so gut wie nur die bis zu 2 Zentimeter großen, glänzend hellgrünen runden Blätter. Die scheinen wie Gras direkt aus dem Boden zu wachsen, doch wenn man genauer hinsieht, erkennt man, dass sie jeweils paarweise an winzigen Zweiglein sitzen. An Zweiglein, die auf dem Boden liegen und in einem Jahr nur einen halben Millimeter wachsen. Die Krautweide blüht von Juni bis September, wobei zehn bis zwölf der roten Blüten jeweils ein kugelförmiges Kätzchen bilden. Für die Bestäubung sorgt der Wind.

Ursprünglich stammt die Pflanze, die man bisweilen in Steingärten sieht, aus Nordeuropa, wo sie vor allem in größeren Höhen wächst. Sie ist ideal an kalte, feuchte Standorte angepasst, wo nur wenige Monate im Jahr kein Schnee liegt.

Insgesamt gibt es rund 450 Weidenarten. Bis auf wenige Ausnahmen kommen sie nur auf der Nordhalbkugel der Erde bis hinauf in die kältesten Regionen vor.

DIE EXTREMSTEN GEGENSÄTZE DER NATUR

WELCHES MEER IST AM WÄRMSTEN?

DAS WASSER IM WÄRMSTEN MEER DER ERDE IST SELBST IM WINTER NOCH WÄRMER ALS DIE LUFT BEI UNS AN VIELEN FRÜHLINGSTAGEN.

Denn selbst in der kalten Jahreszeit hat es noch eine Temperatur von 20 bis 25 Grad Celsius, die im Sommer sogar bis auf 30 Grad klettert. Die Rede ist vom Roten Meer zwischen Nordafrika und Arabien, das mit rund 440 000 Quadratkilometern etwa so groß wie Schweden ist. Dass es so außergewöhnlich warm ist, liegt daran, dass es sich erstens in einer der heißesten Gegenden der Welt befindet und zweitens nur eine sehr schmale und vor allem flache Verbindung zu einem anderen Ozean aufweist. Denn während das Rote Meer an den meisten Stellen über 2 000 Meter tief ist, beträgt die Wassertiefe ganz im Süden, wo es sich zum Indischen Ozean hin öffnet, nur 123 Meter. Deshalb dringt von dort nur sehr wenig kaltes Tiefenwasser ein, das zudem nicht weit nach Norden vorankommt und sich nur sehr bedingt mit dem warmen Wasser mischt.
An seinem nördlichen Ende geht vom Roten Meer der Sueskanal ab, der es mit dem Mittelmeer verbindet. Auf diesem Weg können Schiffe aus dem Indischen Ozean nach Europa fahren, ohne umständlich Afrika umrunden zu müssen.

Woher das Rote Meer seinen Namen hat, ist umstritten. Möglich ist, dass die Perser es so nannten, weil es aus ihrer Sicht im Süden lag und diese Himmelsrichtung bei ihnen durch die Farbe Rot symbolisiert wurde. Vielleicht verdankt das Rote Meer seinen Namen aber auch bestimmten Bakterien, die dem Wasser einen rötlichen Schimmer verleihen.

UND WELCHE WÜSTE IST AM KÄLTESTEN?

ES GIBT EINE WÜSTE, IN DIE DIE SAHARA EINEINHALBMAL HINEINPASSEN WÜRDE.

Denn die Sahara ist nur die mit Abstand größte »Trockenwüste« der Welt, es gibt daneben aber auch noch ganz andere Wüstentypen.
Als »Wüste« bezeichnet man nämlich nicht nur ausgedehnte Sand- und Steinflächen, wo fast nichts wächst, sondern ganz allgemein sämtliche »vegetationslosen oder -armen Gebiete der Erde, die höchstens zu fünf Prozent mit Pflanzen bedeckt sind«. Das trifft auch auf ausgedehnte Eisflächen zu, auf denen ja überhaupt nichts gedeiht und wo die Lebensbedingungen im wahrsten Sinne des Wortes »wüst« sind.
Das größte derartige Gebiet auf der Erde ist die Antarktis rund um den Südpol. Insgesamt umfasst sie eine Fläche von annähernd 14 Millionen Quadratkilometern, wohingegen es die Sahara »nur« auf rund neun Millionen bringt. Zum Vergleich: Deutschland ist 357 000 Quadratkilometer groß, würde also in die Sahara rund 25- und in die Antarktis sogar knapp 40-mal hineinpassen.
Im Gegensatz zur Sahara, wo tagsüber Temperaturen bis zu 60 Grad Celsius herrschen, ist es in der Antarktis unvorstellbar kalt. Die niedrigste dort jemals gemessene Temperatur betrug minus 89,2 Grad!

> Auch in der Sahara ist es nicht die ganze Zeit so extrem heiß. Nachts kann die Temperatur bis auf minus 20 Grad abfallen. Das liegt daran, dass über der Wüste so gut wie nie eine isolierende Wolkenschicht hängt, sodass die Sonnenhitze des Tages bei Nacht ungehindert in den Weltraum entweichen kann.

DIE EXTREMSTEN GEGENSÄTZE DER NATUR

BEI WELCHEM WASSERFALL FÄLLT DAS WASSER AM TIEFSTEN?

VOM HÖCHSTEN WASSERFALL DER WELT STÜRZT DAS WASSER FAST EINEN KILOMETER IN DIE TIEFE.

Dieser Wasserfall liegt im Urwald von Venezuela. Er ist 979 Meter hoch und heißt »Salto Ángel« oder in der Sprache der Eingeborenen »Kerepakupai merú«, was so viel bedeutet wie »Sprung des tiefsten Ortes«. Der Fluss, der ihn speist, ist der Rio Churún. Der sammelt das Regenwasser, das – vor allem in Form mächtiger Tropengewitter – in großen Mengen auf die Ebene eines riesigen Tafelbergs namens »Ayuan Tepui« fällt, und transportiert es zu einem schroff abbrechenden Vorsprung. Von dort donnert es in die Tiefe. Unten angekommen, strömt das Wasser dann wieder zu einem breiten Fluss zusammen, um kurz darauf noch mal rund 200 Meter tiefer zu stürzen.

Obwohl der höchste Wasserfall der Erde nur mühsam zu erreichen ist, zieht er – vor allem in der Regenzeit – massenhaft Touristen an. Die müssen mit dem Flugzeug über das Dach des Urwalds zur berühmten Lagune von Canaima fliegen und haben dann noch eine mindestens eintägige Bootstour vor sich, bevor sie endlich ihr Ziel erreichen.

Der zweithöchste Wasserfall der Erde ist der südafrikanische »Tugela Fall«, bei dem das Wasser 948 Meter abstürzt. Auf den weiteren Plätzen folgen die »Catarata Gocta« in Peru (771 Meter), die »Yosemite Falls« in den USA (739 Meter) sowie der Mardalsfossen in Norwegen mit immerhin noch 645 Meter Fallhöhe.

UND BEI WELCHEM SPRINGBRUNNEN SPRINGT DAS WASSER AM HÖCHSTEN?

AUS DEM HÖCHSTEN SPRINGBRUNNEN DER WELT SCHIESST DAS WASSER FAST MIT TEMPO 400 IN DIE LUFT.

Eine der bekanntesten Fontänen ist diejenige inmitten des Genfer Sees in der Schweiz. Aber obwohl deren Wasser eine Höhe von 140 Metern erreicht, ist das im Vergleich zum höchsten Springbrunnen der Welt noch nicht mal die Hälfte.

Seit 1985 befindet sich dieser im saudi-arabischen Dschidda. Die »King Fahd's Fountain« wurde nach dem Vorbild der Genfer Fontäne konstruiert und katapultiert ihren gewaltigen Wasserstrahl bis zu 312 Meter in den Himmel. Damit könnte sie den Münchner Olympiaturm (291 Meter) locker von unten bis oben nass machen.

Jede Sekunde sind es 625 Liter Wasser (mehr als fünf Badewannen voll), die mit der Wahnsinnsgeschwindigkeit von 380 Stundenkilometern hochgeblasen werden. Experten haben ausgerechnet, dass das Wasser, das sich jeweils in der Luft befindet, rund 18 Tonnen, also etwa so viel wie 13 VW Golf, wiegt. Damit man die bombastische Fontäne auch in der Nacht bewundern kann, wird sie bei Dunkelheit von nicht weniger als 500 Scheinwerfern angestrahlt.

DIE EXTREMSTEN GEGENSÄTZE DER NATUR

WELCHES LEBEWESEN ERTRÄGT DIE HÖCHSTEN TEMPERATUREN?

ES GIBT BAKTERIEN UND BAKTERIENÄHNLICHE LEBEWESEN, DIE FÜHLEN SICH NOCH BEI TEMPERATUREN UM 60 GRAD CELSIUS WOHL. DOCH GEGEN DIE ABSOLUTEN HITZEREKORDHALTER IST DAS GAR NICHTS.

Denn die halten sogar mühelos 100 Grad und mehr aus, Temperaturen also, bei denen Wasser längst kocht. Mit dem Fachausdruck heißen sie »Hyperthermophile«. Und da »Hyper« »besonders hoch«, »thermo« »Wärme« und »phil« »liebend« bedeutet, sind hyperthermophile Organismen solche, die besonders hohe Temperaturen lieben. Es handelt sich dabei um sogenannte »Archaeen«, die oft in einer extrem sauren, salzhaltigen oder eben heißen Umgebung leben, in der jedes andere Lebewesen jämmerlich eingehen würde.

Als derzeitiger Rekordhalter unter diesen Winzlingen – sie sind nur unter dem Mikroskop sichtbar – gilt die Archaee »Strain 121«, die sich noch bei 121 Grad fröhlich vermehrt. Sie wurde im Jahr 2003 am Rand einer extrem heißen Quelle am Meeresgrund (einem sogenannten »Schwarzen Raucher«) entdeckt. Wahrscheinlich gibt es sogar noch hitzebeständigere Organismen, aber die sind bislang noch nicht entdeckt worden.

Die Hyperthermophilen werden zwar gelegentlich als »Archaebakterien« (auf Deutsch »Uraltbakterien«) bezeichnet, haben mit Bakterien aber nur ihre Winzigkeit und die Tatsache gemein, dass beide einzellig sind. Deshalb ordnet die moderne Biologie sie einer eigenen Gruppe von Lebewesen zu: den »Archaeen«.

UND WELCHES SÄUGETIER ÜBERLEBT DIE NIEDRIGSTEN TEMPERATUREN?

WENN DIE TEMPERATUR BEI UNS IM WINTER AUF MINUS 20 GRAD CELSIUS FÄLLT, SPRICHT DER WETTERBERICHT VON EISIGER KÄLTE. DABEI EMPFINDEN DAS ETLICHE TIERE ALS VIEL ZU WARM.

Nicht nur irgendwelche skurrilen Insekten, Schnecken oder Spinnentiere fühlen sich bei extremer Kälte wohl, nein, auch unter den Vögeln und Säugetieren gibt es einige, denen die Minusgrade nicht das Geringste ausmachen. Tatsächlich ist der absolute Rekordhalter ein Säugetier, und zwar ein Fuchs. Weil er in der unwirtlichen Gegend um den Nordpol herum lebt, heißt er Polarfuchs. Er wird knapp einen Meter lang und ist der einzige Wildhund, der die Farbe seines Fells je nach Jahreszeit wechselt. Im Sommer ist er oben braun und auf der Unterseite gelblich grau behaart, im Winter am ganzen Körper rein weiß, wobei es allerdings auch eine Unterart mit eher bläulichem Fell gibt. Und dieses Fell hat es in sich. Denn es weist eine sehr dichte Unterwolle auf, die es dem Polarfuchs erlaubt, auch noch jenseits von minus 60 Grad im Freien umherzulaufen und nach Nahrung zu suchen. In Experimenten haben Wissenschaftler herausgefunden, dass die Tiere selbst Temperaturen von minus 80 Grad unbeschadet überstehen. Dazu tragen nicht zuletzt ihre auffallend kurze Schnauze, die kleinen Ohren und kurzen Stummelbeine bei.

Nach der sogenannten »allenschen Regel« haben Tiere in kalten Regionen im Vergleich zu ihren wärmer lebenden Verwandten kürzere Beine, Schwänze und Ohren. Denn gerade diese sind besonders frostgefährdet.

Tierisch tiefe Schluchten und höllisch hohe Berge –

DIE EXTREMSTEN GEGENSÄTZE AUS STADT, LAND UND FLUSS

DIE EXTREMSTEN GEGENSÄTZE AUS STADT, LAND UND FLUSS

WELCHER BERG IST AM HÖCHSTEN?

DER HÖCHSTE BERG DER ERDE IST NICHT DER MOUNT EVEREST IM HIMALAJA, SONDERN DER MAUNA KEA AUF HAWAII.

Denn der misst von seinem Fuß bis zu seinem Gipfel etwa 10 200 Meter und überragt damit den 8 848 Meter hohen Mount Everest um rund 1 400 Meter. Trotzdem ist der Mount Everest diejenige Erhebung auf der Erde, die am weitesten in den Himmel ragt. Wie das?
Des Rätsels Lösung liegt in dem, was man als Nullhöhe definiert. Und das ist üblicherweise der Meeresspiegel. Über den erhebt sich der Mount Everest im Himalaja um 8 848 Meter, während es der Mauna Kea nur auf 4 200 Meter, also auf weniger als die Hälfte bringt. Dessen Fuß liegt aber rund 6 000 Meter unter dem Meer. Der gesamte Berg ist also wesentlich höher als der Mount Everest, nur wird eben der größte Teil von Wasser bedeckt.
Man kann als Nullhöhe auch den Erdmittelpunkt wählen. Dann ist weder der Mount Everest noch der Mauna Kea der höchste Berg der Erde, sondern der im südamerikanischen Ecuador liegende Chimborasso. Der bringt es zwar »nur« auf 6 267 Meter über dem Meeresspiegel, ist vom Mittelpunkt der Erde aus gemessen jedoch mehr als 2 Kilometer höher als der Mount Everest.

Wieso ist der Chimborasso, vom Erdmittelpunkt aus gemessen, der höchste Berg? Das liegt daran, dass die Erde keine perfekte Kugel, sondern an Nord- und Südpol abgeplattet ist. Der Äquator ist daher weiter vom Erdmittelpunkt entfernt als alles weiter nördlich oder südlich. Daher ist der Abstand des äquatornahen Chimborasso vom Erdmittelpunkt größer als der des äquatorferneren Mount Everest.

UND WELCHE SCHLUCHT IST AM TIEFSTEN?

DAS GUINNESSBUCH DER REKORDE NENNT ALS TIEFSTE SCHLUCHT DER ERDE DIE GRIECHISCHE VIKOS-SCHLUCHT. DOCH DIE SCHLUCHT DES KALI GANDAKI IN NEPAL IST 4 000 METER TIEFER.

Können die Guinness-Leute nicht richtig messen? Doch, das können sie, denn auch hier liegt der scheinbare Widerspruch in der Bezugsgröße. Das Guinnessbuch verwendet als Maßstab nämlich das Verhältnis zwischen der Breite einer Erdrinne und ihrer Tiefe. Und weil die zwischen 600 und 1 000 Meter tiefe Vikos-Schlucht schmal wie ein Spalt ist, belegt sie den ersten Platz.

Misst man jedoch von den Rändern der Schlucht nach unten, geht der Sieg eindeutig an die gewaltige Rinne, in der der nepalesische Fluss Kali Gandaki den Himalaja durchbricht. Die ist zwar erheblich breiter und ausladender als die Vikos-Schlucht, dafür geht es von den gewaltigen Felsmassiven, die sie begrenzen, aber auch viel weiter abwärts. Schaut man bei gutem Wetter von oben hinunter, sieht man den Fluss rund 5 000 Meter – 5 Kilometer! – tiefer dahinströmen.

Eine Schlucht ist eine besondere Form einer Rinne, die ein Fluss im Lauf von Jahrmillionen in das umgebende Gestein gegraben hat. Weil das fließende Wasser immerzu kleine Teilchen aus seinem Bett mit sich fortträgt, wird eine solche Rinne entweder immer breiter (dann spricht man von Tal) oder tiefer (dann handelt es sich um eine Schlucht). Die Übergänge sind dabei natürlich fließend.

DIE EXTREMSTEN GEGENSÄTZE AUS STADT, LAND UND FLUSS

WELCHES EUROPÄISCHE LAND HAT DIE MEISTEN NACHBARSTAATEN?

DAS EUROPÄISCHE LAND MIT DEN MEISTEN BENACHBARTEN STAATEN HAT AUCH DIE LÄNGSTE GRENZE ÜBERHAUPT.

Das ist Deutschland. Es grenzt nämlich an nicht weniger als neun Nachbarstaaten: im Norden an Dänemark (67 Grenzkilometer), im Nordosten an Polen (442 Kilometer), im Osten an Tschechien (811 Kilometer), im Südosten an Österreich (ohne die Grenze im Bodensee 815 Kilometer), im Süden an die Schweiz (316 Kilometer, ebenfalls ohne Bodenseegrenze), im Südwesten an Frankreich (448 Kilometer), im Westen an Luxemburg (135 Kilometer) und Belgien (156 Kilometer) sowie im Nordwesten an die Niederlande (567 Kilometer). Das ergibt eine Gesamtgrenze von 3 757 Kilometern. Kein anderes europäisches Land kann da mithalten. Der Nachbar, mit dem wir uns die längste Grenze teilen, ist also das südöstlich von uns gelegene Österreich. Die Grenze erstreckt sich über mehr als 800 Kilometer und ist damit nur wenig kürzer als ganz Deutschland vom nördlichsten zum südlichsten Punkt gemessen. Dass an zweiter Stelle mit nur geringem Abstand Tschechien folgt, liegt daran, dass unser östlicher Nachbar wie ein Keil in unser Land hineinragt.

Die wenigsten Nachbarstaaten in Europa haben nicht etwa die winzigen Nationen, die vollkommen von einem anderen Land umschlossen werden – Monaco, Liechtenstein, der Vatikanstaat und San Marino –, sondern Malta und Island. Denn das sind Inseln, die an gar keinen weiteren Staat grenzen.

UND WELCHES HAT DAVON DIE WENIGSTEN WEITEREN NACHBARN?

DAS LAND, VON DEM UNS DIE KÜRZESTE GRENZE TRENNT, HAT NUR EINEN EINZIGEN ANDEREN NACHBARN. UND MIT DEM VERBINDET ES NICHT EINMAL EINE GEMEINSAME GRENZE.

Wie kann das sein? Nun, es liegt daran, dass Dänemark außer im Süden, wo es an Deutschland grenzt, ringsum von Meer umschlossen ist. Deshalb kann die Verbindung zu seinem einzigen anderen Nachbarn nur eine Brücke sein. Dieser Nachbar ist Schweden und die Brücke die fast 8 Kilometer lange über den Öresund. Wenn man die überquert hat, ist man allerdings immer noch nicht in Schweden, sondern befindet sich auf einer künstlich aufgeschütteten Insel namens Peberholm. Auf der beginnt ein 4 Kilometer langer Tunnel, der den Rest des Meeres zwischen Dänemark und seinem nördlichen Nachbarn unterquert. Erst wenn man den passiert, hat man Schweden erreicht.

Und warum hat man die Brücke nicht einfach weiter nach Norden gebaut? Daran ist der nahe gelegene Flughafen von Kopenhagen schuld, für dessen anfliegende Flugzeuge ein hoch über das Meer führendes Hindernis viel zu gefährlich wäre. So fahren jetzt die Autos und Eisenbahnen von Dänemark nach Schweden zuerst über die Brücke und dann durch den Tunnel.

Mit einer Fläche von nur 43,1 Quadratkilometern ist Dänemark achtmal kleiner als Deutschland. Das gilt jedoch nur für das Kernland selbst. Denn zu Dänemark im politischen Sinne gehört auch noch Grönland, die mit 2,2 Millionen Quadratkilometern größte Insel der Welt.

DIE EXTREMSTEN GEGENSÄTZE AUS STADT, LAND UND FLUSS

WELCHES LAND DER ERDE IST AM RIESIGSTEN?

IN DIESES LAND WÜRDE DER VATIKANSTAAT, DAS KLEINSTE LAND, FAST 39 MILLIONEN-MAL HINEINPASSEN.

Mit weitem Abstand ist dieses größte Land Russland, das rund 17 Millionen Quadratkilometer umfasst. Deutschland zum Beispiel, nach der Ukraine, Frankreich, Spanien und Schweden immerhin das fünftgrößte Land in Europa, würde knapp 48-mal in Russland hineinpassen.
Die drei nach Russland nächstgrößeren Länder, Kanada, die USA und China, haben alle annähernd die gleiche Fläche. Mit jeweils rund 9,5 Millionen Quadratkilometern sind sie nur wenig mehr als halb so groß wie der Spitzenreiter.
Ganz anders sieht die Sache allerdings aus, wenn es um die Zahl der Einwohner geht. Hier taucht Russland erst auf Rang acht auf. Denn auf jeden der rund 143 Millionen Russen kommen rechnerisch neun Chinesen (insgesamt 1,3 Milliarden), 7,6 Inder (insgesamt 1,1 Milliarden) und immer noch zwei US-Amerikaner (insgesamt knapp 300 Millionen).

Bei der Bevölkerungsdichte, also der Zahl der Einwohner pro Quadratkilometer, haben Zwergstaaten wie Monaco, Hongkong oder Malta die Nase vorn. China zum Beispiel belegt in dieser Statistik erst Platz 74 und die USA Rang 172.

UND WELCHES MEER IST AM KLEINSTEN?

DAS MARMARAMEER ZWISCHEN MITTEL- UND SCHWARZEM MEER IST IM VERGLEICH ZU DEN OZEANEN EIN KLEINER TÜMPEL. DOCH ES GIBT EIN MEER, DAS NOCH 100 MILLIONEN-MAL KLEINER IST.

Denn ein Gewässer ist laut Definition immer dann ein Meer, wenn es Teil der miteinander verbundenen Gewässer der Erde ist, die die Kontinente umgeben. Alle anderen ruhenden Wassermassen sind Binnenseen, und zwar auch dann, wenn sie umgangssprachlich Meer genannt werden. Diese unmittelbare Verbindung zu den großen Ozeanen weist das winzige Meer auf, um das es hier geht. Es hat nicht einmal einen eigenen Namen, dafür aber einen Strand namens »Playa de Gulpiyuri«. Der ist allerdings nur knapp 40 Meter breit, und wer sich darauf sonnen will, muss an die äußerste Nordküste Spaniens, in die Provinz Asturien fahren. Dort befindet sich etwa 100 Meter von der eigentlichen Küste entfernt das teichgroße Minimeer mit dem herrlichen, weißsandigen Strand. Entstanden ist es dadurch, dass sich die Strömung im Golf von Biskaya über Jahrhunderte hinweg einen unterirdischen Kanal unter den Felsklippen hindurch gefressen und auf diesem Weg Wasser und Sand ins Landesinnere gespült hat. Und dieser Sand bildet jetzt den Strand des kleinsten Meeres der Welt. Weil es mit dem Atlantik und damit mit dem System der weltweiten Ozeane verbunden, aber von diesen durch eine Landbrücke getrennt ist, ist es nicht etwa nur eine Bucht, sondern tatsächlich ein eigenständiges, wenn auch winziges Meer.

DIE EXTREMSTEN GEGENSÄTZE AUS STADT, LAND UND FLUSS

WELCHER FLUSS STRÖMT DURCH DIE MEISTEN LÄNDER?

DER FLUSS, DER VON ALLEN AUF DER ERDE DURCH DIE MEISTEN LÄNDER STRÖMT, ENTSPRINGT IN DEUTSCHLAND.

Genauer gesagt, im Schwarzwald, wobei der Begriff »entspringen« nicht ganz richtig ist, weil der Fluss aus zwei Quellflüssen, der Brigach und der Breg, entsteht. Damit ist klar, dass es sich um die Donau handelt. Sie fließt vom Schwarzwald aus in östliche Richtung, durchquert dabei Städte wie Ulm, Ingolstadt und Regensburg und verlässt Deutschland bei Passau. Bis dahin hat sie immerhin schon 618 Kilometer zurückgelegt. Weiter geht es durch Österreich, wo die Donau die Hauptstadt Wien passiert. Nicht weit davon überquert sie die Grenze zur Slowakei und strömt dort ebenfalls durch die Hauptstadt Bratislava. Danach bildet sie für eine kurze Strecke die Grenze zu Ungarn, um nach einem scharfen Südknick auch hier die Hauptstadt Budapest zu durchfließen. Die weiteren Länder an ihren Ufern sind Kroatien, Serbien, Bulgarien, Moldawien, die Ukraine und schließlich Rumänien. An Rumäniens östlicher Grenze ergießt sich das Wasser der Donau nach einer Gesamtstrecke von 2 811 Kilometern (ab dem Zusammenfluss von Brigach und Breg) schließlich ins Schwarze Meer.

Welcher Fluss fließt durch die meisten Bundesländer? Das ist nicht die Donau und nicht der Rhein, sondern die Elbe. Auf ihrem Weg vom tschechischen Riesengebirge zur Nordsee strömt sie durch Sachsen, Sachsen-Anhalt, Brandenburg, Niedersachsen, Mecklenburg-Vorpommern, Schleswig-Holstein und Hamburg.

UND WELCHER STRÖMT DURCH DIE WENIGSTEN STÄDTE?

MIT ÜBER 6 400 KILOMETERN IST DER FLUSS, UM DEN ES HIER GEHT, NACH DEM NIL IN AFRIKA DER ZWEITLÄNGSTE DER ERDE. DOCH DIE STÄDTE, DIE ER DURCHQUERT, KANN MAN AN EINER HAND ABZÄHLEN.

Die Rede ist vom Amazonas, dem gewaltigen Strom in Südamerika. Wie die Donau hat er keine eigene Quelle, sondern entsteht aus dem Zusammentreffen zweier Quellflüsse. Die heißen Marañón und Ucayali, wobei der Ucayali als der weitaus längere der beiden bei der Gesamtlänge mitgezählt wird.
Den größten Teil fließt der Amazonas durch wenig besiedeltes Gebiet, in dem es, von Manaus und Belém abgesehen, keine größeren Ansiedlungen gibt. Doch auch diese zwei Millionenstädte liegen nicht direkt am Amazonas, sondern am Rio Negro beziehungsweise am Rio Pará.
Der Amazonas selbst fließt dagegen nur durch eine Handvoll kleinerer Städte wie Macapá und Santarém mit nicht einmal 300 000 Einwohnern. Die einzige größere Stadt, die der mächtige Strom auf seinem Weg Richtung Atlantik passiert, ist Iquitos mit rund 400 000 Einwohnern.

Weitaus eindrucksvoller als die Zahl der Städte, die der Amazonas durchfließt, ist die gewaltige Menge seiner Nebenflüsse. Das sind nämlich über 10 000. Kein Wunder daher, dass jeder Mensch der Erde mit dem Wasser des Amazonas alle 70 Minuten ein 120-Liter-Vollbad nehmen könnte.

DIE EXTREMSTEN GEGENSÄTZE AUS STADT, LAND UND FLUSS

WELCHER STERN IST DER ERDE AM NÄCHSTEN?

NATÜRLICH IST DAS DIE RELATIV NAHE SONNE, ZU DEREN PLANETENSYSTEM DIE ERDE GEHÖRT. DER STERN ABER, DER DER ERDE JENSEITS DES SONNENSYSTEMS AM NÄCHSTEN IST, IST SO WEIT ENTFERNT, DASS EIN RAUMSCHIFF 18 000 JAHRE BRAUCHEN WÜRDE, UM DORTHIN ZU FLIEGEN.

Der Abstand von der Erde zur Sonne beträgt rund 145 000 000 Kilometer, und weil das Licht, das jede Sekunde 300 000 Kilometer zurücklegt, für diese Strecke 8 Minuten benötigt, kann man auch sagen, dass die Sonne von der Erde 8 Lichtminuten entfernt ist (siehe Seite 105). Dagegen beträgt die Entfernung zum nächstbenachbarten Stern 4,2 Lichtjahre! In Kilometern ausgedrückt sind das 40 Billionen – eine 4 mit 13 Nullen. Und dennoch gibt es zwischen der Erde und diesem Stern nicht einen einzigen anderen. Sein Name ist »Proxima Centauri«, was so viel bedeutet wie »der Nächstgelegene im Sternbild Zentaur«. Astronauten, die dort um die heutige Zeit herum ankommen wollten, hätten schon vor 18 000 Jahren losfliegen müssen – zu einer Zeit also, in der unsere Vorfahren noch in Höhlen lebten und die Sterne allenfalls ehrfürchtig bestaunten.

Stern und Planet sind zweierlei. Während ein Planet nämlich ein Himmelskörper ist, der sich auf einer Umlaufbahn um einen Stern herum bewegt und kein eigenes Licht produziert, läuft im Inneren eines Sterns ein hochkomplizierter Vorgang namens »Kernfusion« ab. Dabei entstehen derart hohe Temperaturen – bei der Sonne 15 Millionen Grad! –, dass das ganze Gebilde zu einem riesigen Feuerball wird, der viele Millionen Jahre lang hell glüht.

UND WELCHER PLANET IST AM WEITESTEN VON DER ERDE ENTFERNT?

OBWOHL DER AM WEITESTEN ENTFERNTE PLANET UNSERES SONNENSYSTEMS VON DER SONNE 4,5 MILLIARDEN KILOMETER UND DAMIT ÜBER 30-MAL SO WEIT ENTFERNT IST WIE UNSERE ERDE, WIRD ER VON IHR ANGEZOGEN. DESHALB KANN ER NICHT INS WELTALL WEGFLIEGEN, SONDERN MUSS IMMERZU UM DIE SONNE KREISEN.

Acht Planeten umrunden unsere Sonne, am weitesten innen Merkur, dann folgen nach außen Venus, Erde, Mars, Jupiter, Saturn, Uranus und ganz weit draußen Neptun. Der ist fast 60-mal so groß und 17-mal so schwer wie die Erde und besitzt nicht nur einen, sondern gleich 18 Monde, die ständig um ihn herum fliegen. Wie die Erde kreist Neptun um die Sonne, braucht für eine Umrundung aber viel, viel länger, nämlich etwa 165 Jahre. Das liegt zum einen an der erheblich längeren Umlaufbahn, aber auch daran, dass er nur etwa ein Sechstel so schnell unterwegs ist wie die Erde.
Weil der Neptun so weit von der wärmenden Sonne entfernt ist, ist es auf ihm jahrein, jahraus kälter als minus 200 Grad Celsius. Deshalb und weil dort kein Sauerstoff zum Atmen vorhanden ist, kann es dort kein Leben geben.

Was hält die Planeten in ihrer Umlaufbahn? Das ist die Anziehungskraft oder Gravitation. Sie wirkt zwischen zwei Körpern umso stärker, je mehr diese wiegen. Und weil sowohl die Sonne als auch Neptun unvorstellbar schwer sind, hält die Sonne den äußeren Planeten wie mit einem unsichtbaren mächtigen Band fest in seiner Bahn.

DIE EXTREMSTEN GEGENSÄTZE AUS STADT, LAND UND FLUSS

WELCHER SEE IST DER GRÖSSTE DER ERDE?

DEUTSCHLAND IST JA WIRKLICH NICHT KLEIN, UND DOCH IST DER GRÖSSTE SEE DER ERDE NOCH EIN GANZES STÜCK GRÖSSER. WEIL ER SO RIESIG IST, NENNT MAN IHN MEER.

Dabei ist das Kaspische Meer – um das geht es hier – eindeutig ein Binnensee, denn es hat keine natürliche Verbindung zu einem Ozean. Es liegt an der Grenze zwischen Asien und Europa und ist so groß wie Deutschland und Belgien zusammengenommen, nämlich etwa 1 200 Kilometer lang und durchschnittlich 320 Kilometer breit. Die mittlere Tiefe beträgt rund 180 Meter. Und weil es so riesig ist, ist das abflusslose Kaspische Meer auch das Gewässer, das von allen Seen der Erde mit Abstand das meiste Wasser enthält. Dafür, dass es nicht irgendwann austrocknet, sorgen etliche mächtige Flüsse, die ihre Wassermassen in es ergießen, unter anderem der Ural und der längste Fluss Europas, die Wolga.

Der zweitgrößte See der Erde ist der zwischen Kanada und den USA gelegene Obere See. Das gilt jedoch nur für die Fläche, nicht für die Wassermenge. Denn der nach dem Kaspischen Meer wasserreichste See ist der russische Baikalsee. Er ist zwar nicht einmal halb so groß wie der Obere See, dafür aber mit durchschnittlich 1 600 Metern viermal so tief.

UND WELCHE WÜSTE IST DIE KLEINSTE?

IN DIE AFRIKANISCHE SAHARA WÜRDE DIE KLEINSTE WÜSTE 3,5 MILLIONEN-MAL HINEINPASSEN.

Diese kleinste heißt Carcross-Wüste, liegt in Kanada, und ist mit 260 Hektar nicht größer als 300 Fußballfelder. Wie die Sahara besteht sie größtenteils aus Sanddünen, auf denen allerdings vereinzelt Kiefern wachsen. Benannt ist sie nach dem kleinen Örtchen »Carcross« ganz in der Nähe. Bei dem Namen könnte man denken, hier würden sich wichtige Autostraßen kreuzen, doch das ist ein Trugschluss. Denn »Car« ist in diesem Fall nicht das englische Wort für »Auto«, sondern die Kurzform von »Caribou«, und das ist der Name des Hirsches, den wir im Deutschen als »Rentier« kennen. In der Nähe von Carcross befindet sich nämlich eine Engstelle zwischen zwei Seen, die früher von riesigen Rentierherden zum Durchwaten genutzt wurde. Daran erinnert heute noch eine Karibu-Skulptur am Eingang zur kleinsten Wüste der Welt.

Die Tage der Carcross-Wüste scheinen gezählt. Denn ihre Sanddünen eignen sich prächtig, um darauf mit allen möglichen Allradfahrzeugen, Quads und Motorrädern herumzudüsen. Und auch die vielen Touristen, die in Tausenden Bussen vom nahen Kreuzfahrtschiff-Hafen Skagway in Alaska herangekarrt werden, um sich das Naturwunder anzuschauen, schaden der Wüste sehr.

DIE EXTREMSTEN GEGENSÄTZE AUS STADT, LAND UND FLUSS

WELCHES LAND HAT DIE LÄNGSTE KÜSTE DER WELT?

IN DER RANGFOLGE DER LÄNDER MIT DER LÄNGSTEN KÜSTENLINIE ÜBERTRIFFT DER SIEGER DEN ZWEITEN UM FAST DAS FÜNFFACHE.

Kanada heißt dieser derart überlegene Sieger. Im Westen grenzt das Land an den Pazifischen, im Osten an den Atlantischen Ozean und im Norden ans Nordpolarmeer. Weil jede einzelne dieser Küsten viele Tausend Kilometer lang ist, ergibt sich eine Land-Meer-Grenze von rund 244 000 Kilometern. Das ist fast 40-mal die Entfernung Frankfurt–New York und mehr als doppelt so viel wie alle europäischen Küsten zusammengenommen. Denn auch wenn Norwegen, Schweden, Frankreich, Italien, Spanien und Griechenland über weite Strecken ans Meer grenzen, bringen es die Länder Europas »nur« auf rund 117 000 Kilometer Küste. Dagegen wirkt die Küstenlänge des zweitplatzierten Landes fast bescheiden. Es handelt sich um Indonesien, das auf insgesamt fast 55 000 Kilometern vom Meer begrenzt wird. Auf den nächsten Plätzen folgen Russland mit 37 600, die Philippinen mit 36 300 und Japan mit knapp 30 000 Kilometern.

Allerdings ist es keinesfalls einfach, die Länge einer Küste zu bestimmen. Denn je kleinere Buchten man mitzählt, je weniger man also »abkürzt«, desto höher wird die Kilometeranzahl.

Und Deutschland? Das grenzt im Nordwesten an die Nord- und im Nordosten an die Ostsee. Insgesamt kommt so eine Küstenlinie von rund 2 400 Kilometern zusammen – weniger als ein Hundertstel der kanadischen Küstenlänge.

UND WELCHE LÄNDER TRENNT DIE KÜRZESTE GRENZE?

UM DIE KÜRZESTE GRENZE DER WELT VOLLSTÄNDIG ABZULAUFEN, BRAUCHT MAN NICHT EINMAL EINE HALBE MINUTE.

Denn diese Grenze ist gerade mal 85 Meter lang. Aber gibt es auf der Erde überhaupt ein derart kleines Land? Nein, das gibt es natürlich nicht. Selbst die Grenze des winzigen Vatikanstaats (siehe Seite 139) ist mit 3,2 Kilometern fast 40-mal so lang.
Des Rätsels Lösung liegt darin, dass es hier nur um die Grenze eines Landesteils zu einem benachbarten Staat geht. Dieser Landesteil heißt »Peñón de Vélez de la Gomera« und gehört zu Spanien. Doch er liegt nicht in Spanien, sondern im Norden von Marokko, wo er als Halbinsel ins Mittelmeer ragt. Ursprünglich war er eine ringsum von Wasser umgebene Insel, doch als im Jahr 1934 ein gewaltiger Sturm Unmengen Sand in die schmale Meerenge zwischen Peñón und das marokkanische Festland spülte, entstand eine schmale Landbrücke. Und die ist dort, wo sie im Süden an Marokko grenzt, 85 Meter breit. Über diesen engen Zugang kann man trockenen Fußes auf die nur 470 Meter lange und 190 Meter breite Halbinsel gelangen.

> Ein Gebiet, das zu einem bestimmten Land gehört, aber ringsum an ein anderes Land grenzt und nur von diesem aus zugänglich ist, nennt man Exklave. So etwas gibt es auch bei uns: Büsingen am Hochrhein gehört zwar zu Deutschland, liegt aber vollständig in der Schweiz.

DIE EXTREMSTEN GEGENSÄTZE AUS STADT, LAND UND FLUSS

WELCHE STADT IST DIE GRÖSSTE DER WELT?

EIGENTLICH BESTEHT DIESE STADT AUS GLEICH VIER STÄDTEN.

Die vier sind allerdings so eng zusammengewachsen, dass zwischen ihnen keine Grenzen mehr erkennbar sind. Es handelt sich um die »Metropolregion Tokio«, zu der Tokio selbst sowie die Millionenstädte Yokohama, Kawasaki und Saitama gehören. Wie viele Menschen dort leben, weiß niemand genau. Bei der Zählung im Jahr 2005 waren es 34,5 Millionen, heute dürften es aber schon rund vier Millionen mehr sein. Immerhin wohnen fast 30 Prozent, also fast ein Drittel aller Japaner, hier. So riesig ist die Metropole, dass ihre äußere Grenze rund 70 Kilometer vom Stadtzentrum Tokios entfernt ist. Um vom einen Ende zum anderen zu gelangen, muss man also rund 140 Kilometer zurücklegen.

Auch bei den nach Tokio nächstgrößeren Megastädten lässt sich die Einwohnerzahl nicht genau angeben, sodass es keine klare Rangfolge gibt. Das liegt vor allem daran, dass in ihnen Millionen von Menschen leben, die nirgendwo gemeldet sind, sodass man ihre Zahl allenfalls – und das natürlich nur sehr grob – schätzen kann.

Auf den Plätzen zwei und drei folgen höchstwahrscheinlich die südkoreanische und die mexikanische Hauptstadt, Seoul und Mexiko City, die beide zwischen 20 und 25 Millionen Einwohner haben. Kaum weniger Menschen leben aber auch in New York, Mumbai, São Paulo, Manila, Djakarta, Delhi und Kairo, bei denen die Schätzungen zwischen 15 und 25 Millionen schwanken.

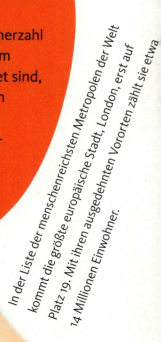

In der Liste der menschenreichsten Metropolen der Welt kommt die größte europäische Stadt, London, erst auf Platz 19. Mit ihren ausgedehnten Vororten zählt sie etwa 14 Millionen Einwohner.

UND WELCHES LAND IST DAS KLEINSTE?

DIE ZEHN KLEINSTEN LÄNDER DER WELT SIND ZUSAMMENGENOMMEN IMMER NOCH KLEINER ALS DIE METROPOLREGION TOKIO.

Das allerkleinste ist mit einer Fläche von 0,44 Quadratkilometern so groß wie 55 Fußballfelder und hat weniger Einwohner als die meisten deutschen Dörfer. Es liegt nicht nur – wie Monaco, San Marino und Liechtenstein – innerhalb eines anderen Landes, sondern sogar vollständig innerhalb einer Stadt. Es ist der Vatikanstaat im Zentrum der italienischen Hauptstadt Rom. Nicht einmal 900 Menschen leben dort, und von denen hat nur etwa jeder Zweite die vatikanische Staatsbürgerschaft. Die bekommt nämlich nur, wer dort ein bestimmtes Amt innehat. Staatsoberhaupt ist der jeweilige Papst, das Oberhaupt der katholischen Kirche. Er wird von der Versammlung der Kardinäle gewählt und behält sein Amt normalerweise bis zu seinem Tod. Außer ihm leben im Vatikanstaat noch einige hochrangige Geistliche sowie die Soldaten der Schweizergarde, die für den Schutz des Papstes verantwortlich sind. Andere Menschen können zwar Teile des Vatikanstaates besuchen, aber niemals dessen Bürger werden.

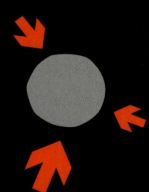

Das zweitkleinste Land der Erde ist Monaco an der Mittelmeerküste mit 2,02 Quadratkilometer Fläche. Auf den Plätzen drei und vier folgen die Inselstaaten Nauru und Tuvalu im Pazifischen Ozean mit 21 beziehungsweise 26 und auf Platz fünf das mitten in Italien gelegene San Marino mit 61 Quadratkilometer Fläche.

DIE EXTREMSTEN GEGENSÄTZE AUS STADT, LAND UND FLUSS

WO AUF DER WELT FÄLLT AM MEISTEN SCHNEE?

IM NORDWESTEN DER USA GIBT ES EINEN BERG, AUF DEM JAHR FÜR JAHR DURCHSCHNITTLICH 17 METER SCHNEE FALLEN.

Im Winter 1971/72 waren es sogar 28 Meter – das ist bis heute Weltrekord. Diese Schneemassen fielen auf dem Mount Rainier, dem mit knapp 4 400 Metern höchsten Gipfel der Rocky Mountains im US-Staat Washington. Doch der schneereichste Ort der Welt ist der Mount Rainier nur dann, wenn man das Wort »Ort« im Sinne von »Platz, Stelle« auffasst. Versteht man darunter jedoch eine bewohnte Gemeinde, dann ist der schneereichste Ort gar nicht weit von Deutschland entfernt. Er liegt im österreichischen Bundesland Vorarlberg in der Nähe des Bodensees, im Bregenzer Wald. Im kleinen Dorf Damüls fielen nämlich über sechs Jahre hinweg jeden Winter durchschnittlich fast 11 Meter Schnee. Damit gilt Damüls offiziell als schneereichster Wintersportort der Welt. Seine Häuser liegen weit verstreut auf einer Höhe zwischen 1 300 und 1 700 Metern in einer Gegend, in der eine sogenannte Nordstaulage herrscht. Das heißt, dass sich die Wolken hier am Nordrand der Alpen aufstauen und ihren Inhalt ausschütten – in Damüls aufgrund seiner Höhe vorwiegend in Form von Schnee. Das freut die Skifahrer, die die ganze Wintersaison über direkt bis vor die Haustür ihrer Hotels schwingen können – zum Teil sogar auf Pisten zwischen den Häusern des Dorfes hindurch.

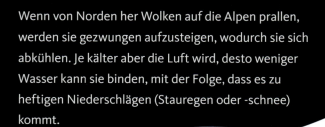

Wenn von Norden her Wolken auf die Alpen prallen, werden sie gezwungen aufzusteigen, wodurch sie sich abkühlen. Je kälter aber die Luft wird, desto weniger Wasser kann sie binden, mit der Folge, dass es zu heftigen Niederschlägen (Stauregen oder -schnee) kommt.

UND WO FÄLLT AM WENIGSTEN REGEN?

IN EINIGEN BEREICHEN DER TROCKENSTEN GEGEND DER WELT IST SEIT JAHRZEHNTEN KEIN REGEN MEHR GEFALLEN.

Diese Gegend ist die Atacamawüste, die sich über rund 1 200 Kilometer entlang der chilenischen Pazifikküste erstreckt. Dort regnet es in manchen Abschnitten so gut wie nie. Kein Wunder daher, dass das nahe gelegene Iquique, eine Großstadt mit 160 000 Einwohnern, den Rekord für die regenärmste Stadt der Welt hält. Die bisher längste Trockenperiode, in der kein einziger Regentropfen den ausgedörrten Boden berührte, dauerte volle 14 Jahre.

Warum fällt in der Atacama so extrem wenig Regen? Das liegt vor allem daran, dass die Wüste im Regenschatten der Anden liegt. Das hohe Gebirge zwingt die von Osten kommenden Winde dazu, an den steilen Hängen aufzusteigen und ihre feuchte Fracht abzuladen. Wenn sie dann schließlich den Andenkamm überqueren, sind sie vollkommen trocken und wolkenlos und bringen den westlich gelegenen Gegenden keinerlei Niederschläge. Und auf der Pazifikseite verhindert der kalte Humboldtstrom die Entwicklung von Regenwolken. Allerdings wird diese Strömung in bestimmten Abständen aufgrund eines komplizierten Wetterphänomens namens »El Niño« schwächer, und dann kann es auch in der Wüste wie aus Kübeln gießen. Aber das passiert nur alle sechs bis zehn Jahre einmal und betrifft auch dann nur einen Teil der Atacama.

»El Niño« bedeutet »das Kind«. Gemeint ist das Christuskind, denn die typischen Meeresströmungen, die das Wetterphänomen im Pazifik von Zeit zu Zeit auslösen, treten stets um die Weihnachtszeit herum auf.

DIE EXTREMSTEN GEGENSÄTZE AUS STADT, LAND UND FLUSS

WELCHE STADT IST DIE HÖCHSTGELEGENE DER WELT?

IN DER HÖCHSTGELEGENEN STADT DER WELT MÜSSTEN EIGENTLICH ALLE BEWOHNER MIT SAUERSTOFFMASKEN HERUMLAUFEN.

Denn als eiserne medizinische Regel gilt, dass ein Mensch sich zwar an den Aufenthalt in größeren Höhen gewöhnen, das heißt seinen Körper an den dort herrschenden Sauerstoffmangel anpassen kann, dass das jedoch nur bis etwa 5 000 Meter über dem Meeresspiegel möglich ist. Weiter oben ist die Höhenkrankheit praktisch unvermeidlich. Und doch leben in der Stadt La Rinconada – sie liegt in den peruanischen Anden und ist mit 5 300 Metern über dem Meeresspiegel die höchstgelegene der Welt – rund 40 000 Menschen, und es werden immer mehr. Die Stadt grenzt nämlich unmittelbar an eine Goldmine, die Glücksritter, Verzweifelte und Halsabschneider aus aller Welt anzieht. Bislang haben sich deren Hoffnungen allerdings nicht erfüllt, und so herrschen in La Rinconada ausgesprochen ärmliche Verhältnisse ohne fließendes Wasser und Kanalisation. Schlimmer als die hygienische Situation ist aber die bereits erwähnte Höhenkrankheit, an der die Menschen allesamt mehr oder weniger stark leiden. Fast jeder klagt über Symptome wie Kopfschmerzen, Appetitlosigkeit, Übelkeit, Atemnot, Schwindel oder Schlafstörungen. Doch das alles nehmen die Goldgräber auf sich – in der vagen Hoffnung auf Reichtum.

Die Ursache der Höhenkrankheit liegt nicht allein darin, dass die Luft so weit oben nur noch wenig Sauerstoff enthält, sondern vor allem darin, dass der Luftdruck so niedrig ist. Ohne ausreichenden Druck bekommt man die Luft beim Atmen nur mit Mühe in die Lungen.

UND WELCHES LAND LIEGT AM TIEFSTEN?

IN DER AM TIEFSTEN GELEGENEN REGION DER ERDE IST DER LUFTDRUCK MEHR ALS DOPPELT SO HOCH WIE IN LA RINCONADA.

Gemeint ist die Gegend um das Tote Meer in Israel, die rund 400 Meter unter dem Meeresspiegel liegt. Und der Boden sinkt immer noch weiter ab – bis zu 6 Zentimeter im Jahr. Aber eigentlich ist das Tote Meer gar kein Meer, sondern ein Binnensee, denn es steht nirgendwo in Verbindung zu einem Ozean (siehe Seite 129). Es ist 800 Quadratkilometer groß und hat mit dem Fluss Jordan zwar einen Zufluss, aber keinen Abfluss.
Die zweittiefste Landsenke ist das Ufer des Sees Genezareth in Israel. Das liegt zwar rund 200 Meter höher als das des Toten Meeres, aber immer noch 212 Meter unter Normalnull. Auf Platz drei folgt mit minus 173 Metern das Ufer des Assalsees in Dschibuti, auf Platz vier die chinesische Turfan-Senke (minus 155 Meter) und auf Platz fünf die Qattara-Senke in Ägypten (minus 133 Meter).
Die tiefstgelegene Landfläche in Europa befindet sich in den Niederlanden. Rund ein Viertel unseres nordwestlichen Nachbarlandes liegt unter dem Meeresspiegel, allerdings am tiefsten Punkt nur knapp sieben Meter.

Wegen der hitzebedingten massiven Verdunstung reichert sich das Salz im Toten Meer immer mehr an, sodass seine Konzentration zehnmal so hoch ist wie in den Ozeanen. Dadurch wird das Wasser so »dicht«, dass es den menschlichen Körper mühelos trägt. Man kann sich daher einfach aufs Wasser legen, ohne irgendwelche Schwimmbewegungen zu machen, und geht trotzdem nicht unter.

Bildquellenverzeichnis

Shutterstock/Mikhail Starodubov: Umschlag, 68; Shutterstock / lunatic67: Umschlag; Shutterstock / Cre8tive Images: Umschlag; Shutterstock / pio3: Umschlag, 3; Getty Images / Joan Vicent Cantó Roig: Umschlag, 40; Shutterstock / happydancing: 1 – 7, 50, 110, 144; Shutterstock / Evgeniy Ayupov: Vorsatz, 68f.; Shutterstock / Aija Lehtonen: 4; Shutterstock / Eric Isselee: 4, 7f., 15, 18, 26, 35, 40, 53, 59, 61, 71, 77, 95 , 99, 103, 108, 114, 122, 124, 133, 135, 137; Shutterstock / Markus Mainka: 5; Shutterstock / fivespots: 6 , 100; Shutterstock / GrigoryL: 6; Getty Images / Zing Images: 8, 122; Shutterstock / irin-k: 8f., 40, 101, Nachsatz; Shutterstock / Renars Jurkovskis: 11; Shutterstock / Lipowski Milan: 12; Shutterstock / fotomaton: 13, 77; Shutterstock / YuriyZhuravov: 13, 138; Shutterstock/ ievgen sosnytskyi: 14, 39, 47, 64, 103, 137; Shutterstock / Ilya Akinshin: 14, 47, 81, 109, 125, 129; Shutterstock / Trevor kelly: 16; Shutterstock / CCat82: 17, 25, 52, 86f., 90; Shutterstock / Nella: 17, 85, 89, 105; Shutterstock / 4Max: 19, 31, 111; Shutterstock / nadi555: 20; Shutterstock / Roman Sakhno: 21, 31, 72, 119; Shutterstock / R-studio: 22, 34, 98; Shutterstock / Pakhnyushcha: 22, 123; Shutterstock / Papa Bravo: 23; Shutterstock / Blacknote: 25, 39, 67; Shutterstock / Butterfly Hunter: 28, 42, 94, 116; Shutterstock / Andrew Burgess: 29; Getty Images / Sylvain Cordier: 30; Shutterstock / rvlsoft: 32, 58, 98, 112, 140; Shutterstock / MarkMirror: 33; Shutterstock / Svhl: 34, 51, 56, 126, 134; Shutterstock / bloomua: 36, 48, 70, 76, 78, 102, 120, 142; Shutterstock / kojihirano: 37; Shutterstock / siro46: 40; Shutterstock / Mammut Vision: 41; Shutterstock / Krivosheev Vitaly: 43; Shutterstock / FotograFFF: 44; Shutterstock / NataLT: 48, 118, 122f.; Shutterstock / Jiri Sebesta: 50; Shutterstock / Yuri Vydyborets: 52; Shutterstock / Elnur: 56; Shutterstock / mama_mia: 57; Shutterstock / lliveinoctober: 57, 96, 120; Shutterstock / Molodec: 59, 81, 125; Shutterstock / Biehler Michael: 60; Shutterstock / FocusDzign: 60; Shutterstock / koosen: 61; Shutterstock / Videowokart: 63; Shutterstock / DrMadra: 65; Shutterstock / karawan: 66; Getty Images / Mike Sonnenberg: 68; Shutterstock / Jan Martin Will: 72, 104, 139; Shutterstock / grublee: 73; Shutterstock / paul prescott: 75; Shutterstock / Balazs Justin: 79; Shutterstock / Zhukov Olev: 82; Shutterstock / nancy dressel: 84; Shutterstock / Gray wall studio: 84, 108, 142; Getty Images / Brad Wilson: 86; Shutterstock / Stefan Petru Andronache: 87; Shutterstock / Henrik Lehnerer: 88; Shutterstock/ oriontrail: 88, 94, 105, 112, 132; Shutterstock / Ruslan Kudrin: 91; Getty Images / rubberball: 100; Shutterstock / Somchai Som: 100f.; Shutterstock / Jean-Edouard Rozey: 121; Shutterstock / Refat: 128; Shutterstock / Denis Kuvaev: 130; Shutterstock / AVprophoto: 138